Erik van Slooten

Die Gunst der Stunde

Standardwerke der Astrologie

Erik van Slooten

Die Gunst der Stunde

Terminwahl mit Elektionsastrologie

CHIRON VERLAG

ISBN 978-3-89997-263-4

Die Horoskope wurden mit dem Programm Astroplus erstellt.
Umschlag: Judith Hamann, Tübingen
Foto: depositphotos.de/sborisov
Druck: SDL, Berlin

Zu beziehen über den
Chiron Verlag, Postfach 1250, D-72002 Tübingen
www.chironverlag.com

Inhalt

Einführung

Termine suchen im Computerzeitalter

Die Technik der »Elektionen« (lat. *electio* = Auserwählung) oder der astrologischen Terminwahl zum Beispiel für eine medizinische Operation, die Gründung einer Firma, den Antritt einer wichtigen Reise usw. war früher eine sehr zeitaufwendige Technik. Dank dem Computer, der heutzutage alle unsere Horoskopberechnungen schnell und zuverlässig übernimmt, ist dies sehr viel attraktiver geworden und führt, falls richtig angewandt, zu überzeugenden Ergebnissen.

Doch trotz Computerhilfe bleibt eine gute, wohlüberlegte Terminwahl nach wie vor eine ziemlich zeitraubende Angelegenheit, weil der Astrologe sich meistens nicht darauf beschränken kann, *nur* einen geeigneten Zeitpunkt für ein Unternehmen zu bestimmen. Nein, er soll auch genau darauf achten, dass dieser Zeitpunkt mit dem Radixhoroskop der Geborenen, die das Unternehmen angehen wollen, (einigermaßen) harmoniert. Für den Astrologen ist es deshalb manchmal schwierig, seinen Klienten im Voraus genau zu sagen, mit welchem Honorar diese für eine Elektionsbestimmung rechnen müssen, da er den Zeitaufwand noch nicht kennt. Erfahrenc Astrologen werden übrigens meistens schon mehr oder weniger einschätzen können, wie viel Zeit sie brauchen. Wenn zum Beispiel ein Klient seinen Astrologen bittet, für ihn den Zeitpunkt für die Eröffnung eines Ladens zu bestimmen und ihm dabei vier mögliche konkrete Tage vorgibt, wird die Wahl des meist geeigneten Augenblicks viel weniger Zeit in Anspruch nehmen, als wenn der Astrologe den Termin in der Zeitspanne eines halben oder ganzen Jahres suchen muss. Deshalb soll der Astrologe seine Klienten bitten, die in Betracht kommenden Möglichkeiten so viel wie möglich zu beschränken.

Nochmals deutlich: Obwohl der Computer die Elektionsarbeit

sehr erleichtert, gibt es kein PC-Programm, das die Berechnung einer guten Elektion hundertprozentig übernimmt! Für den Astrologen bleibt also noch viel Hand- und Denkarbeit übrig!

Sind Elektionen nützlich?

Eine gute Elektion ist noch keine Garantie für ein erfolgreiches Unternehmen, aber sie kann es sehr unterstützen. Wenn man erfährt, dass ein Unternehmen, wofür keine Elektion erstellt wurde (z.B. eine medizinische Operation, eine Reise, eine Firma) negativ ausgegangen ist und es gelingt, den genauen Anfang dieses Unternehmens zu erfahren und dafür ein Horoskop zu erstellen, wird man feststellen, dass dieses Horoskop schon deutliche Hinweise auf den schlechten Ausgang gibt. In diesem Buch gebe ich einige Beispiele davon. Fazit: Elektionsastrologie ist Katastrophenschutz!

Elektionsastrologie ist Geburtsastrologie

Schon in Mesopotamien und später im hellenistischen Griechenland gingen Astrologen von der folgenden Annahme aus: Wenn man den Stand der Planeten (das Horoskop) für den Augenblick des Anfangs (*katarchè*) kennt, kann man auch das Ergebnis (*apotalesma*) vorhersagen. Das gilt nicht nur für die Geburt eines Menschen (Radixastrologie), sondern auch für den Augenblick, an dem eine Frage gestellt wird (Stundenastrologie) oder für den Beginn einer Unternehmung (Elektionsastrologie). Fazit: Astrologie funktioniert nach der Formel: wenn x, dann y.

Häusersystem Placidus

Das Placidus-Häusersystem hat sich sowohl in der Stunden- als in der Elektionsastrologie bewährt, obwohl ich mir manchmal die

Freiheit nehme, ein anderes Häusersystem (zum Beispiel Alcabitius) zu benutzen. (Zwischen Placidus und Regiomontnus gibt es im Allgemeinen wenig Unterschiede.)

Elektions- und Stundenastrologie

Im Grunde ist Elektionsastrologie der Klassischen Stundenastrologie sehr ähnlich und folgt im Großen und Ganzen den gleichen Regeln. Aus diesem Grund werden klassische Stundenastrologen schnell zu guten Elektionen kommen. Die meisten Klienten, die eine Elektion für eine Firmengründung, Ladeneröffnung usw. bestellen, interessieren sich kaum für tief gehende psychologische Lernprozesse, sondern wollen einfach einen optimalen Zeitpunkt für die »Geburt« ihres Vorhabens. Kurz gesagt: Die Deutungsmethoden für Radixhoroskope sollten auf keinem Fall auf die Elektions- und Stundenhoroskope übertragen werden!

Fazit: Es hat wenig Sinn, sich mit Elektionsastrologie zu beschäftigen, wenn man die klassischen Regeln der Stundenastrologie, insbesondere der Würden, kaum kennt. Damit ich diese Basiskenntnis hier nicht wiederholen muss, empfehle ich, in meinem Buch KLASSISCHE STUNDENASTROLOGIE die Kapitel 6, 7 und 8 zu studieren.

Genauso wie das bei der Stundenastrologie der Fall ist, fängt auch die Elektionsastrologie erst in den praktischen Beispielen an zu leben. Deshalb gibt es viele Beispiele in diesem Buch.

Ein sehr bekanntes älteres Elektionsbuch schrieb Vivian Robson: (ELECTIONAL ASTROLOGY 1937). Es lohnt sich sicher, dieses Buch mal zu lesen. Er gibt allerdings so wahnsinnig viele Regeln, dass man nie zur praktischen Elektionsarbeit kommt, wenn man alle diese Regeln beachten möchte. Nicht umsonst gibt Robson selbst kein einziges Beispiel, sondern bietet nur Theorie an.

»Die Astrologie der armen Leute«

Weil also eine richtige Elektion wegen der vielen Arbeit teuer war, haben die alten Astrologen auch eine wesentlich schnellere und billigere Methode (die Astrologie armer Leute) angeboten, wobei sie ausschließlich die Mondaspekte in Betracht gezogen haben. Oft kannten die einfachen Menschen ihre Geburtsdaten nicht einmal und konnten sich von Astrologen nur beraten lassen, indem sie konkrete Fragen stellten (Stundenastrologie) und/oder sich von ihnen mittels Mondelektionen geeignete Termine bestimmen ließen.

Die Mondaspekte bieten tatsächlich eine ziemlich zuverlässige Methode, einfach und schnell einen geeigneten Zeitpunkt für eine Unternehmung zu bestimmen, obwohl die Missachtung aller anderen Elektions-Regeln und das Nicht-Einbeziehen des Radixhoroskops natürlich nicht ohne Risiko ist.

Der große Vorteil ist allerdings, dass in einem Monat der Mond alle möglichen Aspekte mit allen Planeten bildet! Eine Anleitung für Mondelektionen findet sich im nächsten Kapitel in diesem Buch.

Übrigens sollte man sich davor hüten, sein Leben nur noch von den Ephemeriden bestimmen zu lassen, weil dies die Spontaneität von Entscheidungen erheblich einschränken würde.

Mondelektionen

Wir besprechen alle Aspekte, die der Mond zur Sonne und den fünf klassischen Planeten bilden kann: Zu jeder Mondverbindung gebe ich zwei oder drei Möglichkeiten: Konjunktion, Sextil/Trigon, Quadrat/Opposition. Die *Konjunktion* wird aber meistens entweder zusammen mit Sextil und Trigon aufgelistet, wenn die beiden Planeten sich gut vertragen. Oder zusammen mit Quadrat und Opposition, wenn zwischen den beiden keine Harmonie herrscht. Die Hinweise zu den Aspekten sind meistens uralt. Eine wichtige Quelle ist: William Ramesey ASTROLOGY RESTORED (1653).

Bei der Beurteilung der Aspekte, insbesondere der Konjunktionen, ist es wichtig festzustellen, welches Verhältnis die Planeten zueinander haben. Ein Quadrat Mond-Merkur ist nicht so schlimm, weil Merkur sich meistens dem Mond anpassen wird; ein Quadrat Mond-Mars dagegen ist heftig, weil die Qualitäten der beiden nicht harmonieren (Mond: kalt und feucht; Mars: heiß und trocken) und weil Mars oft in die Rolle des Übeltäters schlüpft.

Benutzung der Mondaspekte

Wenn eine Unternehmung, eine Initiative usw. von einem bestimmten Mondaspekt begünstigt werden soll, sollten Sie beachten, dass

a) dieser Aspekt *applikativ* ist;

b) dieser Aspekt *nicht vereitelt* wird;

c) der Planet, mit dem der Mond sich verbindet, möglichst stark steht (Würde hat, nicht rückläufig und nicht verbrannt ist);

d) der Mond möglichst in seinem Domizil Krebs oder in seiner Erhöhung Stier oder in seiner Triplizität steht oder sich wenigstens nicht in seinem Exil Steinbock oder in seinem Fall Skorpion befindet;

e) eine *gegenseitige Rezeption* fast immer günstig ist.

Eine Auflistung der täglichen Aspekte des Mondes findet man nicht nur in guten Ephemeriden, sondern auch in den meisten Astrokalendern, die jährlich erscheinen.

Mond und Sonne

Aspekte zwischen Mond und Sonne, den beiden *Lichtern* sind immer wichtig. Nach der Lehre der Qualitäten ist der Mond kalt und feucht, die Sonne warm und trocken. Damit wären sie im Grunde »Feinde«. Andererseits ist es klar, dass die beiden Lichter sich ergänzen wie »Tag und Nacht« und zusammen die Grundlage des ganzen menschlichen Lebens und demzufolge des ganzen astrologischen Betriebs darstellen.

Die Mondphasen

Es gibt inzwischen auf dem Markt eine Reihe von populären Büchern, die uns genau erzählen, was man nach den »alten Regeln« während der verschiedenen Mondphasen unternehmen und was man besser unterlassen sollte. Es handelt sich oft um alte Bauernregeln, welche die Landwirtschaft, den Haushalt und vor allem die Gesundheit betreffen.

So ist die Phase des *zunehmenden Mondes* geeignet für fast alles, was wachsen und sich entwickeln soll. Wenn man beispielsweise nicht möchte, dass die Haare sofort wieder nachwachsen, soll man in dieser Zeit besser nicht zum Friseur gehen. Auch sollte man sich in dieser Zeit nicht operieren lassen, wenn es nicht unbedingt notwendig ist, weil das Risiko auf Entzündungen und Blutungen bei zunehmendem Mond erhöht ist. Nahrung und Heilmittel zur Gesundung des Körpers wirken in dieser Periode besser.

Die Phase des *abnehmenden Mondes* ist eine Periode der Besinnung und der Absicherung des Erreichten. Für den Anfang neuer Unternehmungen ist sie weniger geeignet.

Mond/Sonne-Aspekte

Konjunktion (Neumond)

Die applikative *Konjunktion* ist für jegliche Unternehmung ungünstig, weil der Mond in dieser Phase zuerst unter die *Strahlen der Sonne* kommt und dann von ihr *verbrannt* wird. Diese Neumondperiode dauert etwa drei Tage. Warten Sie lieber mit Ihrer Aktion, bis der Mond wieder aus den Strahlen der Sonne hervorgetreten ist. Laut Ramesey ist die Mond/Sonne-Konjunktion nur günstig für Unternehmungen in der Privatsphäre, die Diskretion erfordern.

Sextil/Trigon

Geeignet, wenn man einen einflussreichen Menschen um eine Gunst bitten will; günstig für kurze Reisen, Änderungen, neue Freundschaften und Beförderung.

Quadrat

Ungünstig für neue Unternehmungen, Reisen oder Kontakte mit wichtigen Menschen.

Opposition (Vollmond)

Schlecht für Geschäfte, neue Unternehmungen, große Änderungen, Kontakte mit reichen Menschen; aber laut Ramesey soll die Opposition gut für Kontakte mit Aristokraten und Adel sein.

Mond/Merkur-Aspekte

Merkur ist der Planet, der sich wie ein Chamäleon den Umständen anpasst. Seine Qualität tendiert zur gemäßigten Kälte und Trockenheit, aber er kann gegebenenfalls auch die Qualitäten der Planeten, mit denen er sich verbindet, annehmen.

Mit dem Mond ist Merkur in einem besonderen Maße verbunden, weil nach der Klassischen Astrologie die beiden, zusammen mit dem Aszendenten, die *Persönlichkeit* des Menschen bilden, wobei der Aszendent die physische, der Mond die seelische und Merkur die geistige Veranlagung beherrscht. Diese Symbiose von Mond und Merkur weicht die harten Aspekte Quadrat und Opposition auf. Merkur regiert insbesondere das Sprechen, das Schreiben und den Handel; im ungünstigen Sinn steht er für Betrug, Diebstahl usw.

Konjunktion/Sextil/Trigon

Gut für Studium, Schreibarbeit und alle Arbeit, die Vernunft und Flexibilität erfordert. Gut für Kontakte mit gebildeten Menschen, Korrespondenz und das Verschicken von Briefen und Nachrichten; gut für kleine Reisen. Günstig für das Aufstellen von Rechnungen, das Unterschreiben von Verträgen für Kauf und Verkauf und für die meisten geschäftlichen Unternehmen.

Quadrat/Opposition

Wegen der oben erwähnten Harmonie zwischen Mond und Merkur sind die harten Aspekte hier an sich nicht wirklich schlecht. Gegebenenfalls bringen sie eine polemische (oder betrügerische!) Note in den Möglichkeiten, die unter den guten Aspekten aufgelistet wurden. Ramesey meint, dass nur die Opposition schlecht für das Unterschreiben von Verträgen sei.

Mond/Venus-Aspekte

Mond und Venus sind Freunde, weil sie beide die gleiche feuchte und kalte Natur haben. Im Venus-Domizil Stier ist der Mond erhöht. Zudem ist Venus eine der beiden klassischen *Wohltäter*.

Venus beherrscht nicht nur Liebesangelegenheiten und soziale Kontakte, Schönheit, Kunst und alles, was mit Lebensgenuss zu tun hat, sondern wird auch mit finanziellen Angelegenheiten in Verbindung gebracht (Stier!). Wer leben will wie Gott in Frankreich, kann ein bisschen Geld schon brauchen! Negativ steht Venus für die Auswüchse von Genuss und Liebe.

Konjunktion/Sextil/Trigon

Günstig für Liebesangelegenheiten, Eheschließung, Spaß, Show, Erholung, den Kauf von Schmuck und Kleidern, Finanzen.

Quadrat

Wegen der Harmonie soll auch das Quadrat im Allgemeinen für oben erwähnte Aktivitäten nicht direkt ungünstig sein.

Opposition

Nur die Opposition wird als ungünstig für alle Venusaktivitäten betrachtet.

Mond/Mars-Aspekte

Mond und Mars sind nicht gut gesinnt, weil der heiße und trockene Mars dem zarten Mond Schaden hinzufügen kann. Zudem ist Mars einer der beiden Übeltäter der Klassischen Astrologie.

Mars beherrscht den Krieg, die Polemik (zusammen mit Merkur), Sex und alle Aktivitäten, die Initiative und Mut erfordern. Mars ist auch das Operationsmesser des Chirurgen und steht im Allgemeinen für Maschinen und andere (technische) Geräte.

Negative Eigenschaften: Krieg und Streit, Gefahr, Unfälle mit scharfen Gegenständen, Geräten usw. Mars ist der Planet der Trennung!

Wichtig: Die Übeltäter Mars und Saturn wirken besonders ungünstig, wenn sie in Exil oder Fall stehen!

Konjunktion/Quadrat/Opposition

Ungünstig für die meisten Aktivitäten, für Operationen, Prozesse, Streit, Eheschließungen und für Reisen (die früher meistens gefährlich waren). Schlecht für Kontakte mit martialischen Menschen.

Diese Aspekte erhöhen die Unfallgefahr (Messer, Geräte) beträchtlich.

Sextil/Trigon

Günstig für anstrengende und herausfordernde Aktivitäten, Wettkämpfe und Auseinandersetzungen; für den Kauf von Geräten, Maschinen, Waffen usw.

Mond/Jupiter-Aspekte

Jupiter ist der große Wohltäter der Klassischen Astrologie. Sein warmer und feuchter Charakter macht ihn zum wohltemperiertesten Planeten.

Jupiter beherrscht Wachstum und alle den Horizont erweiternden Aktivitäten, sowohl geografisch (ferne Reisen) als auch geistig (höhere Ausbildung). Unter Jupiter fallen auch Heilungsprozesse. Negativ macht Jupiter sich vor allem als *Übertreibung* bemerkbar.

Konjunktion/Sextil/Trigon

Gut für alle oben erwähnten Aktivitäten. Ebenfalls günstig für Prozesse und für Kontakte mit einflussreichen Menschen, Anwälten, Ärzten und anderen Berufstätigen.

Quadrat und Opposition

Allgemein ungünstig (wegen der oben genannten Übertreibungsgefahr). Ramesey meint (zu Unrecht?), dass das Quadrat gegebenenfalls günstig für Studium und die Opposition gut für ferne Reisen sei.

Mond/Saturn-Aspekte

Saturn ist der große Übeltäter und ein Feind des Mondes. Seine Qualität ist kalt und trocken. Die Feindschaft tritt insbesondere im System der Würden zutage: Im Monddomizil Krebs findet Saturn sein Exil, das Saturndomizil Steinbock ist das Exil des Mondes. Wie der andere (kleinere) Übeltäter Mars zeigt auch Saturn ins-besondere seinen schlechten Charakter, wenn er sich in seinem Exil Krebs aufhält. In seinem Exil Löwe und in seinem Fall Widder ist er weniger schlecht, weil er in diesen Zeichen auch in der Triplizität steht.

Saturn steht für Einschränkung, Armut, Alter und Angst und macht, dass man nichts geschenkt bekommt. Positiv steht er für Konzentration, Ausdauer und Struktur. Er ist tiefgründig und ein Feind aller Oberflächlichkeit.

Konjunktion/Quadrat/Opposition

Diese Aspekte soll man bei jeder Aktion versuchen zu vermeiden.

Sextil/Trigon

Gut für Bauaktivitäten (Struktur!) und Landwirtschaft und alle Aktivitäten, die Ausdauer erfordern. Günstig für Kontakte mit älteren und mit saturnischen Menschen.

Eine Mondelektion: Brief an das Finanzamt

Dieses Beispiel (Abb. 1) fand ich in der ausgezeichneten amerikanischen Zeitschrift THE HORARY PRACTITIONER, die von 1989 bis 1995 erschien. Das Horoskop wurde in Issue 11 (1991) behandelt.

Hier die Geschichte: Ein Astrologe entdeckte, dass er in einem bestimmten Jahr dem Finanzamt wahrscheinlich zu viel Geld bezahlt hatte. Er schrieb dem Amt einen Brief, in dem erklärte, um wie viel Geld es nach seiner Meinung ging, und um eine Rückerstattung bat. Bevor er den Brief wegschickte, überlegte er sich, wie er eine günstige Entscheidung der Behörden astrologisch beeinflussen könnte. Seines Erachtens gab es nur eine Möglichkeit: die Wahl des Augenblicks, an dem er den Brief in den Briefkasten warf. Dazu benutzte er die Technik der Mondelektionen.

Man kann sich die Szene schon bildlich vorstellen: Der Astrologe steht mit dem Brief in der Hand vor dem Postkasten und schaut auf die Uhr. Um genau 22.15 Uhr lässt er den Umschlag in den Briefkasten gleiten.

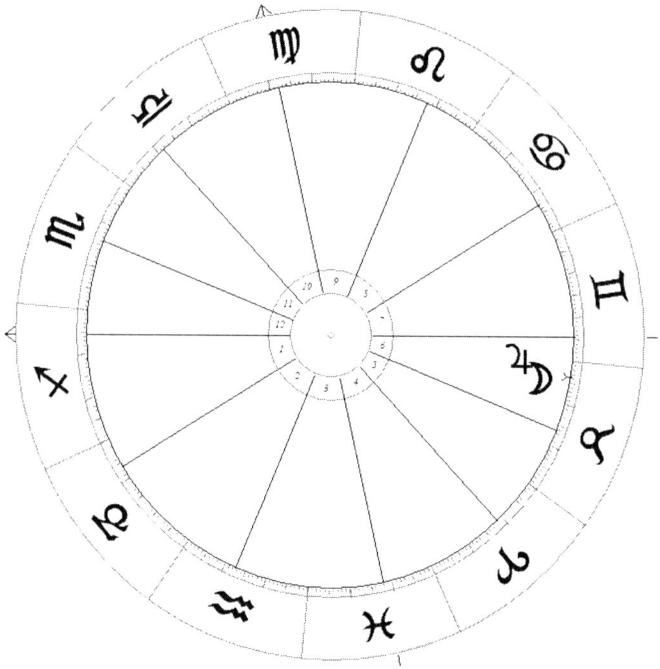

Abbildung 1: Brief an das Finanzamt, 4.4.1965, 22.15 PST in Los Angeles (34N04; 118W15)

- Der Astrologe ist als Initiativnehmer der Herrscher des 1. Hauses: Jupiter steht auf 26°18’ Stier.
- Der Mond steht im gleichen Grad (auf 26°09’ Stier) und wird sehr bald eine applikative Konjunktion mit Jupiter bilden. In diesem Horoskop ist der Mond zudem Herrscher des 8. Hauses: das Finanzamt!
- Beide Planeten stehen im Geldzeichen Stier.
- Die Planetenstunde wird in diesem Augenblick beherrscht von dem Kommunikationsplanet Merkur!

Wie es ausging: Schon am 21. April bekam der Astrologe sein Geld vom Finanzamt zurückerstattet! An diesem Tag stand in dieser Mond-Elektion der Transit-Mond auf der Spitze des 2. (Geld-)Hauses! Fazit: Auch Transite über Elektionshoroskopen funktionieren!

Die zehn Behinderungen des Mondes

Der arabische Astrologe Sahl Ibn Bishr (9. Jahrhundert) schrieb ein im Mittelalter populäres Werk: DE ELECTIONIBUS (Das Buch der Terminwahl). Darin listet er zehn Behinderungen des Mondes auf, die man beim Erstellen von Elektionen möglichst vermeiden soll. Aber nicht nur Sahl beschäftigt sich mit diesen Einschränkungen, auch andere Astrologen in der Vergangenheit kümmerten sich darum. Der Grund ist, dass der Mond bei Elektionen nun einmal eine zentrale Rolle spielt. Hier unten eine Zusammenfassung der meist erwähnten Behinderungen. Achtung: Die ersten sechs Punkte sind zweifellos wichtiger als die nachfolgenden vier.

1. *Verbrennung durch die Sonne.* Sahl ibn Bishr spricht von Verbrennung (combustion), wenn der Mond sich weniger als 12° von der Sonne befindet. Dabei ist die applikative Verbrennung (der Mond nähert sich der Sonne noch) schlimmer als die separative Verbrennung (der Mond entfernt sich von der Sonne).
2. In *Opposition zur Sonne*, innerhalb 12° (applikativ schlimmer als separativ).
3. In *Konjunktion, Quadrat oder Opposition* zu den Übeltätern Saturn/Mars.
4. In *Fall in Skorpion.* (Meistens wird der Fall als schlimmer betrachtet als das Exil.)
5. In *Leerlauf* oder in den letzten Graden aller Zeichen (die Grenzen der Übeltäter).
6. In Haus 1 und in den fallenden Häusern (3, 6, 9, 12).
7. In der Nähe von Caput (Drachenkopf) oder Coda (Drachenschwanz) (Möglichkeit von einer Finsternis!).

8. In der *Via Combusta* (15° Waage bis 15° Skorpion).
9. In Zwillinge (das 12. Zeichen ab dem Domizil Krebs).
10. Langsam (wenn der Mond sich weniger als 12° am Tag bewegt).

Vorsicht: In der Praxis wird es nicht möglich sein, allen Behinderungen des Mondes Rechnung zu tragen, sonst kommt man nie dazu, eine richtige Elektion zu erstellen und bleibt man in der vorbereitenden Arbeit stecken.

Elektionen Schritt für Schritt

Klassische Methode

Ich stelle hier eine relativ einfache Methode vor, mit der jeder schnell und mit Erfolg Elektionen erstellen kann.

Warnung 1: Weil das Erstellen einer Elektion meistens mit viel Arbeit verbunden ist, sollten Sie diese vermeiden, wenn es einfachere Lösungen gibt.

Beispiel 1: Wenn ein Klient zum Beispiel mit Gewinn in der Lotterie spielen möchte und um einen dafür geeigneten Zeitpunkt bittet, empfiehlt es sich, zuerst einen schnellen Blick auf sein Geburtshoroskop werfen. Wenn sich dann beispielsweise herausstellt, dass der Herrscher seines 11. Hauses (u.a. Lotterien) in Fall steht und eine Opposition zu Saturn bildet, hat es keinen Sinn, eine solche Elektion überhaupt zu stellen. (Haus 11 = 2 ab 10: »Geschenk des Himmels«).

Beispiel 2: Wenn jemand wissen möchte, wann er am besten sein Haus zum Verkauf anbieten kann, ist ein Stundenhoroskop für diese Frage fast immer eine einfachere und vor allem schnellere Variante.

Beispiel 3: Wenn sich der Klient beispielsweise sicher ist, dass er ein bestimmtes Haus kaufen will, halte ich es erfahrungsgemäß nicht für sinnvoll, eine Elektion für die Unterschrift beim Notar zu erstellen. Er soll einfach unterschreiben. Das Einzige, worauf er achten kann, ist dass der aktuelle Merkur nicht rückläufig ist.

Warnung 2: Erstellen Sie keine Elektionen für Unternehmungen, die dem gesunden Menschenverstand unrealistisch oder verrückt vorkommen oder die keinen ethischen Charakter haben.

Warnung 3: Die hundertprozentig ideale Konstellation gibt es nicht! Das Streben soll darauf gerichtet sein, einen oder zwei für die Unternehmung wichtigen Planeten und den Mond einigermaßen gut zu platzieren und die schlimmsten Konstellationen zu vermeiden. Ein Elektionshoroskop ist immer ein Kompromiss!

- Bestimmen Sie den für das Vorhaben wichtigsten Planet oder die wichtigsten Planeten und suchen Sie in den Ephemeriden eine Periode, in der diese Planeten gut (beispielsweise in einer ihrer Würden) stehen und möglichst *innerhalb der Zeichen, in denen sie sich befinden,* gute, am besten *applikative* Aspekte bilden.
- Dieser Planet bzw. diese Planeten soll(en) nicht *rückläufig* sein!

Planet	**beherrscht Geburt/Gründung/Anfang von:**
Sonne	offizielle Zeremonien: Krönungen, Inaugurationen, Goldverarbeitung usw.
Mond	Kneipen, Kinderläden (Spielzeug, Babyartikel usw.), Kindergärten usw.
Merkur	Gespräche, Ermittlungen, Kommunikationsgeschäfte, Verlage, Handel, kurze Reisen usw.
Venus	Heirat, Partnerschaften, Modegeschäfte, Restaurants, Feinkostläden usw.
Mars	Operationen, Kriege, Sportclubs, Werkzeugen, Waffen usw.
Jupiter	ferne Reisen, Institute für höhere, Horizont erweiternde Ausbildungen usw.
Saturn	alle Unternehmungen, die eine feste Struktur brauchen, Altersheime usw.

- Jupiter und Venus sind die Wohltäter. Versuchen Sie diese beiden so gut wie möglich zu platzieren.
- Saturn und Mars sind meistens Übeltäter. Versuchen Sie, diese beiden so unauffällig wie möglich zu platzieren, zum Beispiel in fallenden statt in Eckhäusern. Nur in Elektionen mit einem ausgesprochenen Mars- oder Saturncharakter sollen die beiden eine ihnen gebührende Rolle spielen. In solchen Fällen sind die beiden keine Übeltäter mehr und sollten so stark und prominent möglich positioniert werden!

2. Der richtige Tag – Mond

Der Mond ist in jeder Elektion wichtig!

- Suchen Sie in dem gefundenen Zeitraum einen Tag, an dem der Mond gut steht und möglichst innerhalb des Zeichens, in dem er sich befindet, auch noch gute Aspekte bildet.
- Vermeiden Sie insbesondere ungünstige Aspekte zu den Übeltätern Saturn und/oder Mars. *Ausnahme*: Mars oder Saturn hat entscheidend mit der Sache zu tun
- Vermeiden Sie einen Mond in Leerlauf und die Phasen des Neu- und Vollmondes (Orbis ca. 12°).
- Vermeiden Sie möglichst einen Mond im 1. Haus. Ausnahme: Mondunternehmungen.

3. Der richtige Augenblick – Aszendent

- Suchen Sie an diesem Tag einen Augenblick, an dem die für das Unternehmen wichtigen Planeten dominieren: an einer Achse in Eckhäusern oder in einem Haus, das für die Unternehmung charakteristisch ist.
- Sehr wichtig ist eine starke Position des antiken Aszendentenherrschers (H1). Achtung: Für Merkur, Venus, Mars, Jupiter und Saturn gibt es täglich *zwei* Möglichkeiten, zum H1 zu werden (Merkur beim Aszendenten in Zwillingen oder Jungfrau, Venus beim Aszendenten in Stier oder Waage usw.). H1 soll auf keinen Fall *rückläufig* sein.
- Schön ist es, wenn wichtige Planeten oder Achsen eine Konjunktion mit einem günstigen *Fixstern* bilden (Orbis: maximal 2°). Vermeiden Sie ungünstige Fixsterne an diesen Stellen.
- Wie schon betont lassen ungünstige Konstellationen sich nicht immer vermeiden. Versuchen Sie diesen Konstellationen im Elektionshoroskop möglichst einen unauffälligen Platz zu geben, beispielsweise in fallenden statt in Eckhäusern.

4. Kontrolle

- Kontrollieren Sie das gefundene Horoskop gründlich. Haben Sie nichts übersehen?

5. Elektionshoroskop und Radix

- Das Elektionshoroskop soll mit dem Geburtshoroskop des Unternehmers so gut wie möglich harmonieren. Suche Sie in diesem Horoskop nach den auffälligsten günstigen Merkmalen und versuchen Sie, diese in irgendeiner Weise ins Elektionshoroskop einzubauen.

Ich habe hier die wichtigsten Regeln gegeben. In der Literaturangabe am Ende des Buches gibt es Hinweise zu Texten, in denen noch viel mehr Regeln aufgelistet werden. Die Gefahr ist allerdings, dass, wer alle diese Regeln anwenden möchte, vielleicht nie dazu kommt, überhaupt eine Elektion zu stellen.

Fixsterne

Klassische Methode

In der modernen Astrologie sind die Fixsterne leider fast völlig in Vergessenheit geraten, obwohl sie einen essenziellen Beitrag zur Horoskopdeutung liefern können, insbesondere in der Mundan- und Elektionsastrologie.

Da die Fixsterne sehr viel weiter von der Erde entfernt sind als die Planeten, beeinflussen die Fixsterne weniger den sterblichen Menschen als Unternehmungen, die weit über die Dauer eines Menschenlebens hinausgehen, so beispielsweise Städte und oft auch Gebäude. Deshalb spielen Fixsterne fast immer eine bedeutende Rolle in Elektionen für die Gründung von Städten oder die Grundsteinlegung von Gebäuden.

In seinem LIBER ASTRONOMIAE, einem der einflussreichten astrologischen Werke des Mittelalters, schreibt der berühmte italienische Astrologe Guido Bonatti (1230 – 1300) in seiner 141. Betrachtung in Buch V:

»Genau so wenig wie ein Adler mit der Fülle seines Fluges den Flug einer Fliege beeinflussen kann, so können die Fixsterne nicht die Fülle ihres Einflusses voll auf den Menschen geltend machen.«

Insbesondere in der klassischen Elektionsastrologie finden die Konjunktionen, die Planeten und Horoskopachsen mit bestimmten Fixsternen bilden, hohe Beachtung. Dabei akzeptiert man meistens einen Orbis von maximal 2°. Nur die ganz hellen und wichtigen Fixsterne erlauben einen Orbis bis maximal 5°. Andere Aspekte als die Konjunktion werden meistens nicht berücksichtigt. Es geht fast immer um Sterne mit einer großen Helligkeit, die sich an der Ekliptik oder in ihrer Nähe befinden.

Die Helligkeit der Fixsterne wird in Magnituden gemessen: Je mehr die Helligkeit zunimmt, umso niedriger wird die Magnitudenzahl. Einige der besonders hellen Sterne haben sogar eine negative

Zahl. So hat der hellste Stern an unserem Himmel, der Hundsstern Sirius (α Canis maioris), die Magnitude - (minus) 1,5. Die Magnitude der Sterne, die man gerade noch mit bloßem Auge beobachten kann, ist etwa + 6. In den Sternbildern, die sich bekanntlich aus mehreren Fixsternen zusammensetzen, bekommt der hellste Stern den Namen des ersten Buchstabens des griechischen Alphabets α, der zweithellste den zweites Buchstabe β, der dritthellste den drittes Buchstabe γ usw.

Fixsterne sind übrigens nicht so fix wie ihr Name vermuten lässt: Sie bewegen sich mit etwa 50 Bogensekunden pro Jahr (etwa 1° alle 72 Jahre) von der Erde aus gesehen vorwärts durch den Tierkreis. Aus diesem Grund steht zum Beispiel Aldebaran, der Hauptstern im Sternbild Stier (α tauri), jetzt im Tierkreiszeichen Zwillinge! Diese Bewegung wird verursacht durch die Präzession der Erdachse, bei der sich die Fixsterne von den am Frühjahrspunkt verankerten Tierkreiszeichen wegbewegen.

In alten Zeiten erhielten viele Fixsterne ziemlich undifferenzierte Bedeutungen, die einem einen Schrecken einjagen können. Traditionelle Astrologen unserer Zeit gehen damit allerdings vorsichtig und nuanciert um.

Nicht nur in Elektionen, sondern auch in Stunden- und Geburtshoroskopen können Fixsterne eine bedeutende Rolle spielen, insbesondere in Horoskopen von einflussreichen Menschen, die das Schicksal der Welt beeinflussen. Als Angela Merkel Deutschlands Kanzlerin wurde, taten die modernen Astrologen sich schwer, Merkels Erfolg zu erklären. Neptun an ihrem MC konnte dafür kaum der Grund sein. Dagegen stellte der traditionelle Astrologe sofort fest, dass Merkel sich über einen der günstigsten Fixsterne des ganzen Himmels freuen darf: Spica, der hellste Stern im Sternbild Jungfrau, der schon seit Jahrtausenden »eine steile Karriere« verspricht, steht (zusammen mit Neptun) an ihrem MC auf 23° Waage. Fixsterne werden insbesondere wichtig, wenn sie (wie bei Merkel) eine doppelte Konjunktion bilden mit sowohl einem Planeten als auch einer Achse.

Fixsterne können im Allgemeinen die Horoskopdeutung nicht

wesentlich ändern; vielmehr verstärken oder schwächen sie Tendenzen, die im Horoskop schon existieren.

Ein Blick auf den Nachthimmel genügt: Fixsterne gibt es unendlich viele. Nur ein Bruchteil davon wurde im Laufe der Jahrtausende astrologisch untersucht. Der Erste, der sich systematisch mit den Fixsternen befasste, war Ptolemäus (2. Jahrhundert), der in seinem astronomischen Werk ALMAGEST die Position von über 1000 Fixsternen auflistet. Im Rahmen dieses Buches kann ich nur eine Liste der wichtigsten Sterne geben. (In Klammern wird die ekliptikale nördliche (N) oder südliche (S) Breite erwähnt.) Empfehlenswert und das beste deutschsprachige Buch zum Thema ist von Oscar Hofman DIE FIXSTERNE IM HOROSKOP (2016).

Da die unten aufgelisteten Fixsterne allgemein als die einflussreichsten in der Klassischen Astrologie betrachtet werden, ist ein größerer Orb (bis maximal 5°) erlaubt.

Algol auf 26° Stier (22° N). Königlicher Stern. Er gehört zum Sternbild Perseus (β Persei) und wird allgemein als einen der mächtigsten Sterne am Himmel betrachtet. Er wird mit Zorn, Gewalt und Körperverletzung in Verbindung gebracht und auch mit starker sexueller Energie.

Aldebaran auf 10° Zwillinge (5° S). Königlicher Stern, Hauptstern im Sternbild Stier (α tauri), bringt Erfolg durch Arbeit und Integrität, Heldentaten, (militärische) Führerschaft, was zu Feindschaft führen kann. »Der Anfang aller Dinge.« Er bildet eine dauerhafte Opposition zu Antares auf 10° Schütze.

Rigel auf 17° Zwillinge (31°S), Orions rechter Fuß (β Orionis), ehrgeizig, bringt Reichtum und Ehre. Auch Beteigeuze (α Orionis, auf 29° Zwillinge) und Bellatrix (γ Orionis, auf 21° Zwillinge) haben ähnlich positive Bedeutungen.

Pollux auf 23° Krebs (7° N). Königlicher Stern (β Gemini), kräftiger Einfluss, der gewalttätig und tyrannisch werden kann.

Praesepe (Krippe) auf 7° Löwe (2° N), ein sehr bösartiger Sternhaufen (M44), der mit Blindheit, Sucht und im Allgemeinen mit Gefahr in Verbindung gebracht wird.

Regulus auf 0° Jungfrau (0° N). Er ist der »Königsstern« im Sternbild Löwe (α Leonis) und soll insbesondere sozialen Aufstieg bewirken. Hundertprozentig günstig scheint Regulus übrigens nicht zu sein, weil er auch bewirken kann, dass Hochmut vor dem Fall kommt. Regulus steht erst seit kurzer Zeit (Mai 2012) in Jungfrau. Es ist interessant, im Laufe der Zeit zu untersuchen, ob sich seine Bedeutung unter Einfluss von Jungfrau teilweise ändert.

Vindemiatrix auf 10° Waage (16° N) (ε Virginis) der »Witwenstern«, der auf Verlust von Partnern und/oder Freunden und auf Überschätzung der eigenen Kräfte hinweist.

Spica auf 24° Waage (2° S). Königsstern. Er ist der Hauptstern im Sternbild Jungfrau (α Virginis). Er soll der günstigste Stern am Himmel sein und Erfolg und Reichtum bewirken.

Südliche Schale (Zuben Elgenubi) auf 15° Skorpion (0° N). Königlicher Stern. (α Librae). Missgunst, Behinderungen, Gewalt, Krankheit, Gefahr durch Gift.

Antares auf 10° Schütze (5° S). Königsstern, Hauptstern im Sternbild Skorpion (α Scorpii), verbindet sich mit Gewalt und sozialem Abstieg. Aufsteigend oder kulminierend bringt er Glück, das aber unbeständig ist. Das »Ende aller Dinge.« In ewiger Opposition zu Aldebaran.

Wega auf 15° Steinbock (62° N), einer der hellsten Sterne am Himmel, Hauptstern im Sternbild Leier (α Lyrae) wäre u.a. günstig für eine politische Karriere und eine künstlerische Veranlagung.

Fomalhaut auf 4° Fische (21° S) (α Pisces Australis), Königsstern, bringt Glück, wenn er aufsteigt oder kulminiert und wird mit Magie, Alchemie und Okkultismus in Verbindung gebracht. Günstig für Karriere, aber mit saturnischer Nebenwirkung. Ideale und Träume.

Scheat auf 29° Fische (31° N). Er gehört zum Sternbild Pegasus (β Pegasi) und warnt vor Unfällen; er wird aber auch mit Intellekt in Verbindung gebracht.

Ein Beispiel der Wichtigkeit der Fixsterne zeigt u.a. das Horoskop Abflug *German Wings 2925* (siehe unten im Kapitel über Reisen).

Parane

Neben der klassischen Methode, in der die Fixsterne auf die Ekliptik projiziert werden, ist in der jüngeren Vergangenheit die Methode der Parane wieder in die Mode gekommen.

Ein Paran (abgeleitet von *paranatellonta astra*, was »begleitend aufgehende Sterne« bedeutet) ist eine Beziehung zwischen zwei Himmelskörpern, die dadurch zustande kommt, dass die beiden Gestirne sich zur gleichen Zeit entweder am Horizont oder am Meridian befinden. Parane sind mit Aspekten vergleichbar. Steht die Sonne am Aszendenten und Jupiter gleichzeitig am Medium Coeli, so befinden sie sich miteinander im Paran und wirken kombiniert auf den Horoskopeigner ein. Das Gleiche gilt für die Kombination eines Planeten mit einem Fixstern oder für zwei Fixsterne, die gleichzeitig auf- oder untergehen. Obwohl schon viel älter, ist die Methode derzeit wieder aktuell dank Bernadette Brady, die bis jetzt 64 Fixsterne in Kombination mit allen Planeten untersucht hat in ihrem 1998 erschienen Buch BRADY'S BOOK OF FIXED STARS.

Die Methode ist mit Sicherheit interessant und verdient es, neben den klassischen Vorgehensweisen studiert zu werden. Sie darf allerdings nicht überbewertet, sondern sollte als eine Ergänzung zur bewährten klassischen Technik betrachtet werden. Mit Recht hat Amerikas führende Fixstern-Astrologin Diana K. Rosenberg, Brady in einigen wichtigen Punkten kritisiert.

Medizinische Operationen

Meistens ist es nicht möglich, für eine medizinische Operation eine genaue Elektion zu erstellen. Man könnte dem Patienten beispielsweise nicht empfehlen, sich an einem bestimmten Tag um 15:13 Uhr operieren zu lassen, weil Operationen meistens morgens um etwa 8:00 Uhr ausgeführt werden. Deshalb gebe ich hier nur drei Regeln, die allerdings sehr wichtig und unbedingt zu beachten sind:

1. *Man soll sich am besten bei abnehmendem Mond operieren lassen, weil das Risiko auf Entzündungen und Blutungen bei zunehmendem Mond erhöht ist.*
2. *Der aktuelle Mond soll sich nicht im Tierkreiszeichen befinden, das den zu operierenden Körperteil beherrscht!*

   Der Grund ist, dass der launische Mond oft eine destabilisierende Wirkung hat. So soll man sich für eine komplizierte zahnärztliche Behandlung besser keinen Termin geben lassen, an dem der Mond in Widder steht. Während einer Herzoperation soll der Mond besser nicht in Löwen stehen usw. Hier eine kurze Liste der Zuordnungen (von Kopf bis Fuß):

   - *Widder*: Kopf
   - *Stier*: Nacken, Hals, Kehlkopf, Stimmorgane
   - *Zwillinge*: Bronchien, Schulter, Arme, Hände
   - *Krebs:* Magen, Lungen, Brust
   - *Löwe*: Herz, Kreislauf, Leber, Rücken, Wirbelsäule, Brustwirbel
   - *Jungfrau:* Darm, Bauch, Verdauungsorgane, Eingeweide
   - *Waage*: Nieren, Harnwege, Blase, Gebärmutter
   - *Skorpion*: Ausscheidungsorgane, Genitalorgane
   - *Schütze*: Hüfte, Gesäß, Oberschenkel
   - *Steinbock*: Knie, Haut
   - *Wassermann*: Waden, Unterschenkel, Knöchel
   - *Fische*: Füße

3. *Man soll sich besser nicht bei rückläufigem Mars (dem Messer des Chirurgen!) operieren lassen.*

Abbildung 2: Misslungene Hand-OP;
12.1.1995 um 16 Uhr MEZ, München (48N08; 11E34).

Eine misslungene Operation an der Hand

Am 12.01.1995 stürzte ich während eines Spaziergangs auf einer spiegelglatten Eisfläche und brach mir das linke Handgelenk. Zwei Stunden später wurde ich in einem Münchener Krankenhaus notoperiert. Ich hatte schreckliche Angst, denn als Stundenastrologe habe ich immer die aktuellen Konstellationen im Kopf und ich wusste, dass Mars an diesem Tag rückläufig war. Ich hoffte nur eins: Dass die Astrologie in diesem Fall nicht stimmen würde! (Eine eitle Hoffnung!)

Betrachten wir das Horoskop dazu (Abb. 2) unter dem Aspekt der Terminwahl:

- Zunehmender Mond! → Verstoß gegen Regel 1!
- Aszendent-Herrscher (H1) Mond in Zwillinge. Zwillinge beherrscht die Hände und Arme → Verstoß gegen Regel 2!
- Zudem steht der Mond an der Spitze des (klassisch gesehen) sehr schlechten 12. Hauses.
- Mars (das Operationsmesser) ist rückläufig → Verstoß gegen Regel 3!
- Mars in Opposition zu Saturn = H7: der Chirurg! (Ärzte fallen unter das 7. Haus).
- Im 7. Haus: Sonne in Konjunktion zu den (klassisch gesehen) sehr problematischen modernen Planeten Neptun und Uranus.

Am Tag nach der OP entdeckte nicht einmal der Chirurg selbst, sondern meine Frau, dass unter dem Verband die operierte Hand völlig entzündet war (zunehmender Mond!). Der Verband wurde entfernt, die Entzündung so gut wie möglich behandelt und zwei Tage später sollte ich um 7:00 Uhr morgens erneut operiert werden, musste aber (nüchtern!) bis 19:00 Uhr abends warten, weil meine OP immer wieder verschoben wurde. Warum? Es war an diesem Tag in München erneut spiegelglatt, sodass ein Unfallopfer nach dem anderen in die OP gebracht wurde. Kein Wunder, dass meine zweite Operation auch misslang! Erst die dritte, am 23.01.1995, ging dann einigermaßen gut aus. Inzwischen stand der rückläufige Mars auf 29° Löwe wenigstens in Konjunktion mit dem sehr günstigen Fixstern *Regulus!*

Aber seither gibt es – auch nach 22 Jahren – in der operierten Hand immer noch eine taube Stelle, womit ich allerdings leben kann.

Eine Freundin, die im gleichen Krankenhaus arbeitete, erzählte mir irgendwann, dass dieser Chirurg ein Alkoholproblem hatte und später entlassen wurde. Neptun im 7. Haus!

Berühmte historische Elektionen

Tycho Brahe und Uraniborg

Der Däne Tycho Brahe (1546–1601) war zu seiner Zeit ein herausragender Astronom und Astrologe. Damals waren diese beiden Aktivitäten noch eng miteinander verknüpft, so erstellte er beispielsweise ausführliche Horoskope für die Kinder des Königs und hielt bei der Eröffnung der Kopenhagener Universität eine Lobrede auf die himmlischen Wissenschaften (siehe Tycho Brahe: ÜBER DEN NEUEN STERN, 2015)

Obwohl es in Brahes Zeit noch keine Teleskope gab, waren seine Beobachtungen der Fixstern- und Planetenpositionen damals mit Abstand die präzisesten und sind mit einer Genauigkeit von zwei Bogenminuten auch heute nicht ohne Weiteres zu erreichen.

Wer sich für Tychos Geburtshoroskop interessiert, dem gebe ich hier die Daten: 14.12.1546, 10.47 LMT (Julianischer Kalender), in Knudstrup (Dänemark; 55N59; 13E05). Aszendent 16°28‘ Wassermann. Insbesondere sind in diesem Horoskop viele interessante Fixsterne an den Achsen aktiv! Nach Tycho wurde ein großer Mondkrater benannt.

In König Frederik II von Dänemark und Norwegen, der die Wissenschaft fördern wollte, fand er einen Gönner. Dieser überließ ihm die Øresundinsel Hven und finanzierte damit sein Forschungszentrum Uraniborg und das Observatorium Stjerneborg. Dort lebte und wirkte Brahe 21 Jahre lang. Er baute nicht nur alle benötigten Instrumente selbst, sondern druckte auch seine eigenen Bücher.

Am 8. August 1576 wurde bei Sonnenaufgang um 04.43 LMT der Grundstein gelegt. Der Gründung lag zweifellos eine von Tycho berechnete Elektion zu Grunde. Das Gebäude wurde Urania, der Muse der Astronomie, gewidmet und nach ihr Uraniborg benannt, das Schloss der Urania. Am Bau (bis 1580) wirkten maßgebliche Künstler der Zeit mit. Die Gärten bestanden aus Kräutern und

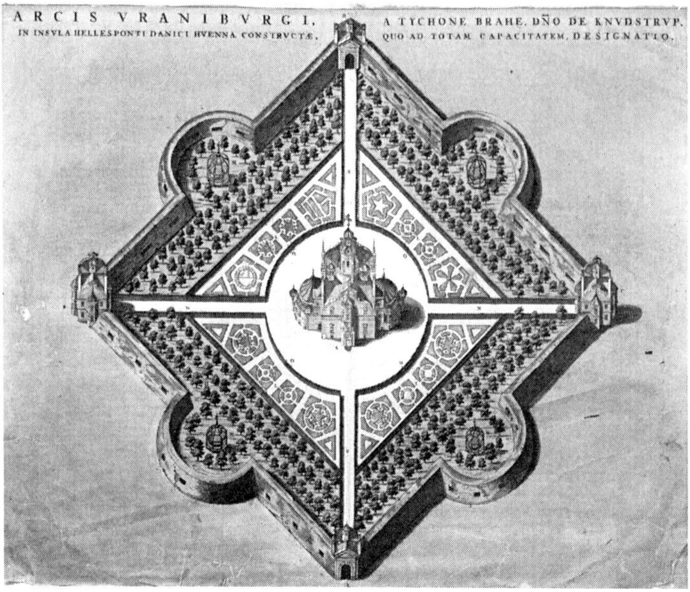

Abbildung 3: Uraniborg

Blumen, die geometrisch in Mustern angeordnet waren. (Abb. 3) Uraniborg wurde eine Art frühes Forschungszentrum, das Persönlichkeiten und Studenten aus ganz Europa anzog.

Mit dem Verlust der finanziellen Unterstützung durch den neuen König Christian IV., der schon mit elf Jahren auf den Thron kam, verließ Tycho die Insel Hven im Jahre 1597 und kam schließlich nach Prag, wo er 1601 verstarb. Uraniborg wurde kurz nach seinem Tode zerstört.

Obwohl in Tychos Zeit das Häusersystem von Regiomontanus am populärsten war, hat er bevorzugt die Campanus-Häuser benutzt. Schauen wir uns die wichtigsten Punkte in dieser Elektion für die Grundsteinlegung im Einzelnen an:

- Der Herrscher des 1. Hauses (H1), die Sonne, steht direkt am Aszendenten (Gründung bei Sonnenaufgang!) in ihrem Domizil Löwe sehr gut und stark! Die Sonne vertritt sowohl das Unternehmen als den Initiativnehmer Tycho.

Abbildung 4: Grundsteinlegung Uraniborg: 8.8.1576 (julianisch) um 4.43 LMZ auf der Insel Hven (55N54;12E42). Häuser: Campanus

- Löwe ist ein fixes Zeichen, dies steht für Dauer und Stabilität. Uraniborg wurde berühmt in ganz Europa und hat mit viel Erfolg 21 Jahre existiert.
- Die Sonne bildet eine enge Konjunktion mit dem großen Wohltäter Jupiter!
- Der Königsstern *Regulus* auf 23°56‘ Löwe verbindet Sonne und Jupiter. *Regulus* macht jedes Unternehmen erfolgreich und verweist auch auf König Friedrich II, der Uraniborg finanziert hat.
- Der aufsteigende Mondknoten, der einen sehr positiven Jupitercharakter hat, befindet sich im 9. Haus, das steht für

Studium und Horizonterweiterung. Dessen Herrscher ist Mars, der in Steinbock in Erhöhung und zudem im 6. Haus in seiner »Freude« steht.

- Der natürliche Signifikator für Wissenschaft, Merkur, ist zwar rückläufig, aber steht in Jungfrau sowohl in seinem Domizil als in seiner Erhöhung und im 1. Haus ebenfalls in seiner »Freude«.
- Der Mond in Wassermann steht in enger Konjunktion mit dem Glückspunkt.
- Weil Merkur (laut Campanus) auch H2 (Finanzen) ist, verweist seine Rückläufigkeit wahrscheinlich auf die Tatsache, dass der neue König Christian IV im Jahre 1597 die finanzielle Unterstützung von Uraniborg beendete, sodass es geschlossen werden musste. Aber immerhin hat Tycho in »seinem« Observatorium 21 Jahre sehr fruchtbar arbeiten können!

Fazit: eine sehr gelungene Elektion! (Vielen Dank an meine italienische Kollegin Patrizia Nava, die in der Zeitschrift *Linguaggio Astrale* (Nr. 186, Primavera 2017) unter dem Titel *Il nobilissimo danese* (Der sehr noble Däne) einen schönen und wichtigen Artikel über Tycho Brahe und Uraniborg veröffentlicht hat!)

John Flamsteed und das Observatorium in Greenwich

Am 4. März 1675 ernannte der englische König Charles II. den 29-jährigen John Flamsteed (1646–1719) zum »The King's Astronomical Observator«, und damit war Flamsteed der erste englische Hofastronom.

Auf Flamsteeds Vorschlag veranlasste der König 1675 die Gründung des *Royal Greenwich Observatory*, für das Flamsteed am 20. August 1675 um 15.14 GMT/LMT den Grundstein legte. Als 1886 beschlossen wurde, den Null-Meridian der ganzen Erde durch dieses Observatorium zu legen, wurde es die weltweit berühmteste Sternwarte.

Auch der Gründung dieses Observatoriums liegt eine von Flamsteed errechnete Elektion zu Grunde. Flamsteed interessierte sich für Astrologie wie die meisten seiner Zeitgenossen, stand ihr aber auch skeptisch gegenüber. So schreibt er am 4.7.1678 in einem Brief an Richard Towneley*: »You know I put no confidence in astrology. Yet dare I not wholly deny the influences of the stars since they are too sensibly imprest on.«* (Sie wissen, dass ich kein Vertrauen in die Astrologie habe. Trotzdem wage ich es nicht, die Einflüsse der Sterne ganz zu leugnen, denn sie verleihen zu sensibel ein Gepräge.)

Als Charles II. bereit war, eine Sternwarte in Greenwich zu finanzieren und Flamsteed mit diesem Projekt beauftragte, wollte dieser in Nachfolge von Tycho Brahe unbedingt ein Gründungshoroskop erstellen. Flamsteed hatte große Bewunderung für Tycho Brahe und nannte ihn »the noble Dane«.

Im Gegensatz zur Grundsteinlegung Uraniborgs, wo wir nur das Datum haben, existiert vom Greenwich Observatorium ein originelles (quadratisches) Horoskop (siehe Abb. 5). Es wurde von Flamsteed selbst mit der Hand gezeichnet und mit einer Bemerkung versehen, über die viel gerätselt wurde: RISUM TENEATIS AMICI? (Haltet euer Lachen zurück, Freunde?) Meine persönliche Meinung dazu: Wahrscheinlich wollte Flamsteed, als er sich später das Horoskop nochmals anschaute, mit dieser Bemerkung seine Ambivalenz der Astrologie gegenüber zum Ausdruck bringen. Vergessen wir auch nicht, dass im 18. Jahrhundert die Astrologie allmählich in Misskredit geriet.

Schauen wir uns die wichtigsten Punkte dieses Horoskops an:

- Aszendent in Schütze: H1 Jupiter in seinem Domizil Schütze (allerdings im 12. Haus), in Konjunktion mit dem Glückspunkt.
- Sonne im Domizil Löwe und im 8. Haus, in Konjunktion mit *Regulus* (dem Königsstern Alpha Leonis auf 25° Löwe).
- MC in Konjunktion mit *Spica* (dem Königsstern Alpha Virginis auf 19° Waage)!
- Sonne, Mond und Venus im Zeichentrigon zum Aszendenten und Jupiter.

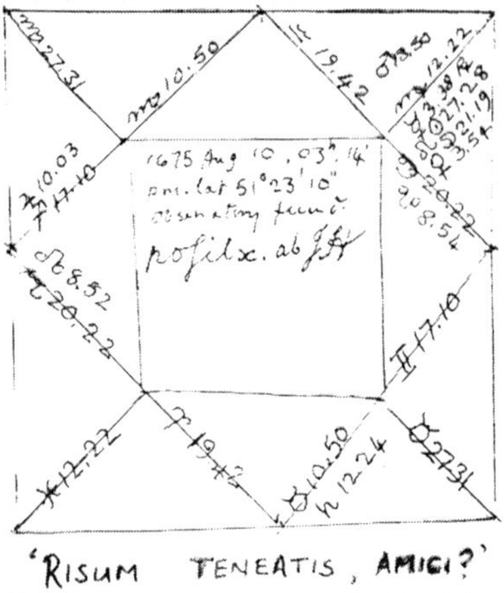

Abbildung 5: Flamsteeds Elektionshoroskop

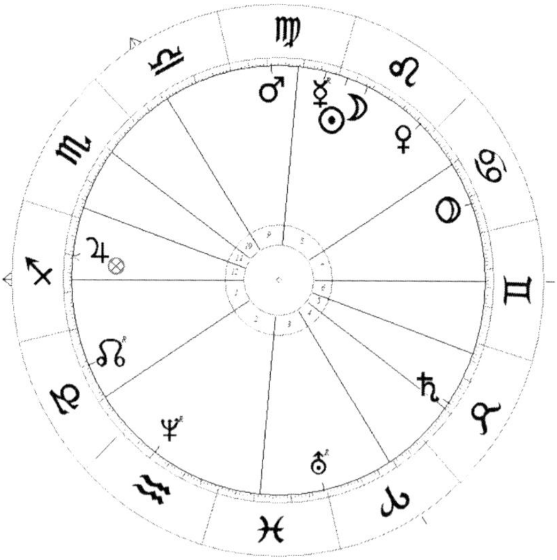

Abbildung 6: Grundsteinlegung 10.8.1675 (julianisch), 15:14 GMT/LMT in Greenwich, Häusersystem: Regiomontanus

- Beide Lichter Sonne und Mond im *festen* Zeichen Löwe (Beständigkeit!)
- Aber im Grunde ist der Mond geschwächt, denn er wird von der Sonne (applikativ!) verbrannt.
- Merkur in Jungfrau sowohl im Domizil als in der Erhöhung, aber rückläufig (genau wie im Uraniborg-Horoskop).
- Merkur ist Herrscher des 9. Hauses, das für Studium und Horizonterweiterung steht!
- IC im Erhöhungsgrad Sonne (19° Widder).
- Der große Übeltäter Saturn nicht in einem Eckhaus und in keiner Verbindung zu den Achsen!
- Horizontachse in Konjunktion mit IC/MC-Achse im Geburtshoroskop von König Charles II., der das Observatorium finanziert hat.

Für Flamsteed hatte die gute Platzierung der zwei sehr günstigen Fixsterne *Spica* und *Regulus* höchste Priorität. Wie kann man das feststellen? Damit *Spica* direkt am MC steht, nimmt Flamsteed in Kauf, dass H1 Jupiter ins 12. Haus verschoben wird und nicht imviel stärkeren 1. Haus steht!

Wenn das Observatorium eine gute halbe Stunde früher gegründet worden wäre, würde Jupiter am Aszendenten viel stärker stehen, aber dann wäre auch die Konjunktion MC/Spica nicht mehr vorhanden.

Die Gründung von Bagdad

Dass die Elektionstechnik schon sehr alt ist, beweist auch die Gründungselektion von Bagdad, überliefert von dem Astrologen Al-Biruni (11. Jahrhundert). Nachdem al-Mansur sich als Kalif durchgesetzt hatte, ließ er Bagdad als neue Hauptstadt gründen. Al-Biruni erwähnt die drei Astrologen Nawbakht, Masha'alla und al-Fazari, die das Datum auf den frühen Nachmittag des 31.7.762 festlegten.

Auch in dieser Elektion (siehe Abb. 7) finden wir die gleichen

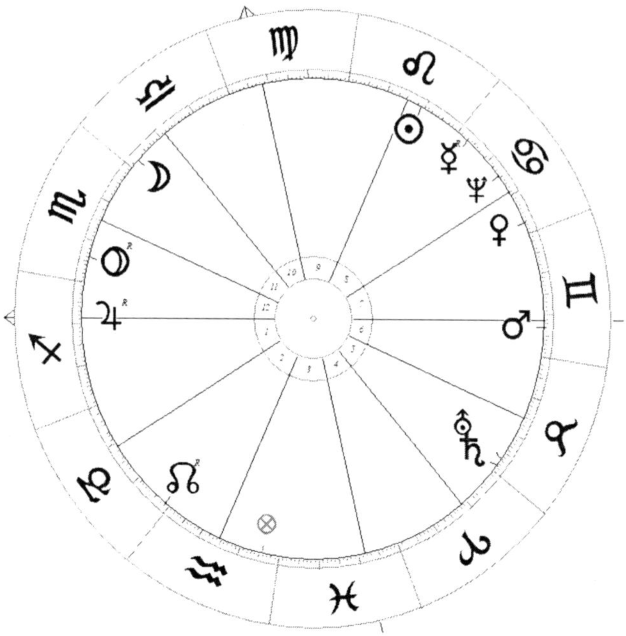

Abbildung 7:
Gründung Bagdad (tropisch), 31.7.762 um 14.40 LMT in Bagdad (33N21, 77E25), Häuser: Alcabitius

Prinzipien wieder, wobei die beiden Wohltäter Jupiter und Venus eine wichtige Rolle spielen:

- Aszendent Schütze und Jupiter in seinem Domizil direkt am Aszendenten;
- die Sonne in ihrem Domizil Löwen an der Spitze des 9. Hauses in ihrer Freude, in Konjunktion mit *Regulus* auf 12°40' Löwe, und in Trigon zu Jupiter.
- Mond (Bagdads Bevölkerung) in Waage in gegenseitiger Rezeption mit der Wohltäterin Venus in Krebs.

Abbildung 8:
Gründung Bagdad (siderisch Lahiri), 31.7.762 um 14.40 LMT in Bagdad (33N21, 77E25), Häuser: Alcabitius

- Eine Schülerin von mir entdeckte, dass in dieser Elektion die beiden Wohltäter Jupiter und Venus ungefähr 77° vom MC entfernt stehen – Jupiter auf der einen Seite und Venus auf der anderen. Das ist eine Art Antiszie, aber dann nicht gespiegelt an der Achse 0° Krebs – 0° Steinbock, sondern am MC. Sie meinte, dass diese Spiegelung der beiden Wohltäter sehr dazu beigetragen hätte, Bagdad berühmt zu machen. Höchst interessant finde ich diese Entdeckung!
- Negativ ist die Opposition Jupiter-Mars, die offensichtlich in Kauf genommen wurde.

Meine geschätzte Kollegin Birgit von Borstel behandelte diese

Elektion in einem Seminar und schrieb mir dazu, dass sie sich sicher ist, dass das Horoskop siderisch berechnet wurde. Mit dem siderischen Tierkreis (damalige Ayanamsa ca. 6°) erstellt, kämen wir zu folgendem Ergebnis (Abb. 8). Es verschwindet dann leider die günstige gegenseitige Rezeption Mond-Venus, weil Venus dann in Zwillinge statt in Krebs steht. Zudem gibt es in der siderischen Elektion leider eine Opposition Mond-Saturn (Saturn in Widder statt in Stier), die in der tropischen Elektion verschwindet. Fazit: Die Elektion mit dem tropischen Tierkreis ist meines Erachtens die bessere der beiden!

Heiratstermin

Heiratselektionen kommen oft vor, denn regelmäßig bitten traulustige Paare mich um eine Berechnung für ihren Heiratstermin. Es geht dann meistens um den richtigen Augenblick für das Ja-Wort oder für die Unterschriften der Urkunde, die in der Regel sofort nach dem Ja-Wort getätigt werden. Das Ja-Wort wird von allen Anwesenden immer als der spannende Höhepunkt betrachtet. (Dass eine(r) der beiden »Nein« sagen könnte, ist zwar höchst unwahrscheinlich, aber trotzdem nie ganz auszuschließen.

Wenn in der Kirche vor dem Altar geheiratet wird, ist diese Zeremonie für das Paar meistens wichtiger als das Ja-Wort vor dem Standesamt und so kann die Elektion auch für die kirchliche Zeremonie erstellt werden. Ich wurde bis jetzt immer gebeten, den richtigen Augenblick für standesamtliche Trauungen zu berechnen.

Das Ja-Wort fällt im Standesamt meistens etwa 10 bis 15 Minuten nach der Eröffnung der Zeremonie. Wenn das Ja-Wort beispielsweise (ungefähr) um 12 Uhr gesprochen werden soll, ist es ratsam, die Zeremonie etwa eine Viertelstunde früher anzufangen. Ich weiß inzwischen aus Erfahrung, dass viele Standesbeamten für das astrologisch berechnete Ja-Wort offen sind, es oft interessant und oder auch lustig finden und bereit sind, auf den gegebenen Zeitpunkt hinzuwirken.

Im Gegensatz zu vielen meiner Kollegen untersuche ich nicht ausführlich die beiden Geburtshoroskope der Heiratswilligen. Ich gehe einfach davon aus, dass die beiden gut über die Möglichkeiten und Risiken einer – ihrer – Ehe nachgedacht haben und wissen, was sie tun. Das geht auch aus dem vorbereitenden Gespräch, das ich mit dem Paar führe, meistens klar hervor. Wenn ich dagegen meine Zweifel habe, lehne ich die Bitte um eine Elektion einfach ab, ohne mir noch die Geburtshoroskope anzusehen.

Es gibt eine deutliche und knallharte Regel für Heiratselektionen:

- *Heiratet nicht, wenn der Liebesplanet Venus rückläufig ist!* Diese Regel leuchtet ein, obwohl ich schon aus bestimmten Gründen davon abgewichen bin (Abb. 10) Normalerweise beachte ich diese Regel und habe deshalb auch einmal die Bitte eines Paars um eine Heiratselektion zwischen dem 1. und dem 31. August 2007 abgelehnt, weil im ganzen Monat Venus rückläufig war!
- Es ist natürlich auch schön, wenn das Ja-Wort in einer *Venusstunde* fällt, aber für sehr wichtig halte ich das nicht.
- Neben der direktläufigen Venus ist es am wichtigsten, dass in der Elektion die Herrscher des 1. und des 7. Hauses gut platziert werden. Alles andere ist eher Nebensache.

Bitten Sie Ihre Klienten, möglichst nur wenige Termine zur Auswahl zu geben, damit Sie als Astrologie relativ zügig arbeiten können und mit dem Auftrag nicht zu viel Zeit verlieren. Das Paar soll auch vorher kontrollieren, ob die gewünschten Termine im Standesamt noch nicht belegt sind. Das Beispiel in Abb. 9 macht dies deutlich.

Eine wahre Geschichte: Ich kenne eine Astrologin, die einen Freund hatte, der um ihre Hand anhielt. Sie hat sich darüber sehr gefreut, sagte ihm aber: »Zuerst muss ich eine gute Elektion erstellen!«! Sie machte sich an die Arbeit und weil sie diese Angelegenheit sehr ernst nahm und keine Fehler machen wollte, war sie einen Monat später noch immer mit der Ausarbeitung beschäftigt. Leider hatte ihr Freund inzwischen seine Geduld verloren und war verschwunden.

Hochzeit über dem Rhein

Ein Paar wollte heiraten und schrieb mir eine Mail, in der es mir für das Ja-Wort über zehn Wunschtermine als Auswahl zur Verfügung stellte. Umgehend schrieb ich zurück, dass mir die Zeit für eine so umfangreiche Arbeit fehlte und dass ich sie um maximal vier Wunschtermine bitten möchte. Sie sollten bitte vorher auch kontrollieren, ob diese Termine im Standesamt überhaupt verfügbar wären.

Zwei Wochen später bekam ich eine Mail, in der sogar nur noch zwei Möglichkeiten übrig geblieben waren, weil das bevorzugte Standesamt, ein sehr romantisch gelegenes Schloss direkt über dem Rhein, das bei allen Heiratswilligen in der weiten Umgebung beliebt war, nur noch diese beiden Möglichkeiten zur freien Verfügung hatte. Diese Möglichkeiten waren:

Am 22.9.2017, Anfang der Zeremonie zwischen 14:30 und 15:00 Uhr. (Dauer der Zeremonie: ca. 20 Minuten.) Ort: Bingen am Rhein.

Oder am 28.10.2017, Anfang der Zeremonie zwischen 11:45 und 12:15 Uhr in Bingen.

Wenn man das Elektionshoroskop für die erste Möglichkeit erstellt (mit Placidus-Häusern), sieht man sofort, dass diese Zeit völlig ungeeignet ist. Zwar stehen (um beispielsweise 14.50 Uhr) H1 Jupiter und Mond am MC, aber der Übeltäter Saturn befindet sich direkt am Aszendenten. Problematisch ist vor allem: Venus steht in Jungfrau in Fall und wird eine Konjunktion zum Trennungsplaneten Mars bilden!

Die zweite Möglichkeit (Abb. 9) ist dagegen interessant und diese habe ich dem Paar empfohlen!

- Jetzt steht der Liebesplanet Venus im Partnerschaftszeichen und ihrem Domizil Waage, direkt am sehr wichtigen MC, der Spitze des 10. Hauses, das Zeremonien beherrscht. Die Konjunktion, die Venus am 22.9.2017 (Termin 1) mit dem gefährlichen Mars bildete, ist schon längst vorbei und kommt auch nicht zurück, weil Venus direktläufig bleibt.
- H1 Jupiter steht im starken 10. Haus (Eckhaus), zwar von der Sonne verbrannt, aber diese Verbrennung ist separativ.
- H7 Merkur steht in seinen Grenzen im schönen, vielversprechenden 11. Haus.
- Saturn steht zwar im 1. Haus, aber nicht mehr direkt am Aszendenten.
- Schön ist, dass der Mond, der in einem solchen Horoskop für das tägliche Zusammenleben der Eheleute steht, ein applikatives Trigon zu Venus bildet.
- Sowohl Venus als Mond bilden Sextile zum Aszendenten.

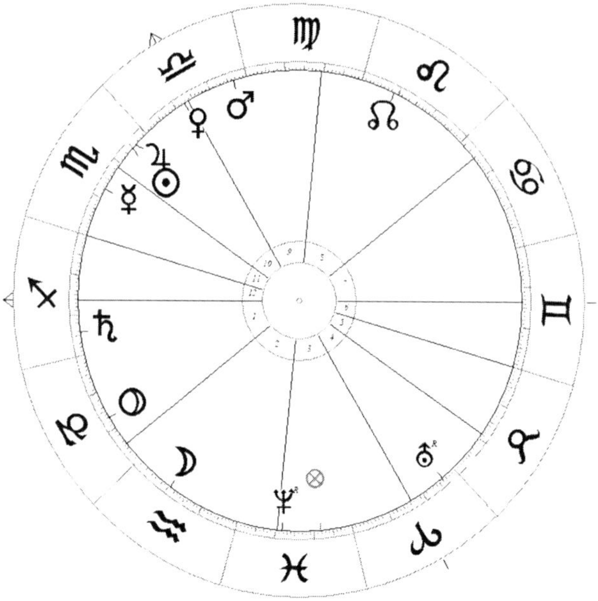

Abbildung 9: Ja-Wort Bingen über dem Rhein, 28.10.2017 um 12 Uhr MEZ/S (letzter Sommerzeittag des Jahres!), Bingen (49N57; 7E54), Häuser: Placidus

Vor allem gibt, wie gesagt, die sehr starke und schöne Venus in Waage am MC das grüne Licht.

Das Zeitfenster für dieses Ja-Wort, so habe ich das dem Paar erklärt, liegt zwischen 11.50 Uhr und 12.10 Uhr. Früher kommt Mars zu nah an das MC und später nähert sich Saturn zu viel dem Aszendenten.

Und das Sahnehäubchen: Das Ja-Wort wird in einer Venus-Stunde gesprochen!

Ablauf: Die Ja-Wörter wurden tatsächlich in diesem Augenblick gesprochen. Das Paar schickte mir später einige schöne Bilder der Trauung.

Ja-Wort bei rückläufiger Venus?

Ein Klient ruft mich an: Seine Partnerin und er leben schon seit vielen Jahren harmonisch zusammen und jetzt haben die beiden den Wunsch, im engen Familienkreis offiziell zu heiraten. Sie haben schon eine Vorstellung davon, wo und wann sie einander das Ja-Wort geben wollen: Auf ihrer Lieblingsinsel, der kleinen und zauberhaft schönen dänischen Ostseeinsel Bornholm, und zwar am Samstag, dem 22. August 2015. Mein Klient, der sich mit Astrologie befasst, sagt mir: »Wahrscheinlich werden Sie Probleme mit diesem Datum haben, Herr Van Slooten, weil Venus dann rückläufig ist. Aber gerade dieses Datum würde uns sehr gut passen.«

Wie schon oben gesagt sollte man tatsächlich besser keine Heiratselektion mit einer rückläufigen Venus erstellen, weil der Liebesplanet dann Schwierigkeiten machen könnte. Aber ich verspreche meinem Klienten, das Datum näher zu untersuchen. Gibt es neben der rückläufigen Venus noch andere negative Punkte? Leider ja:

- So steht an diesem Tag der Mond in Skorpion in Fall in einer applikativen Konjunktion mit Saturn. Der Mond steht in der Ehe für das alltägliche Leben!
- Mars, der wichtige Herrscher des siebten Hauses bildet eine (separative) Konjunktion mit dem ungünstigen Sternhaufen *Praesepe* (M44)

Wenn ich die freie Wahl gehabt hätte, hätte ich diesen Tag für das Ja-Wort bestimmt nicht empfohlen. Aber die beiden wollten unbedingt an diesem Tag heiraten. Wenn schon denn schon, so dachte ich mir und habe weitergesucht.

Ich stellte fest, dass am 22.8.2015 auf Bornholm von 9 Uhr bis 12 Uhr morgens (MESZ) der Aszendent durch das Partnerschaftszeichen Waage geht. Damit hatte ich schon einen geeigneten Zeitrahmen für das eventuelle Ja-Wort gefunden.

Venus beherrscht den Waage-Aszendenten und Mars den Widder-Deszendenten. Herrscher 1 (Venus) und Herrscher 7 (Mars), Braut und Bräutigam, werden eine Konjunktion bilden, was sehr

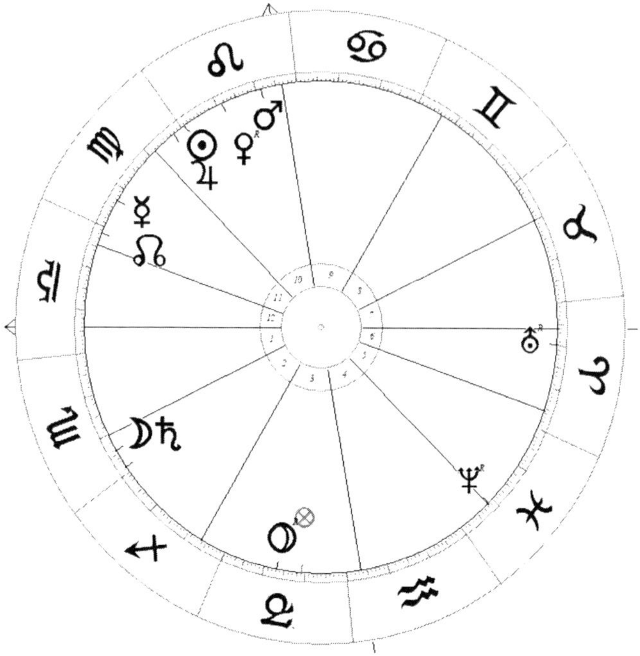

Abbildung 10: Ja-Wort auf Bornholm, 22.8.2015, 11.23 MESZ Hasle (Bornholm, DK, 14E44; 55N11), Häuser: Placidus.

günstig ist! Die Konjunktion kommt zustande dank Venus' Rückläufigkeit! Innerhalb dieses Zeitrahmens des Waage-Aszendenten wähle ich als Augenblick für das Ja-Wort: 11:23 Uhr (MESZ).

Wie ich schon erwähnte, arbeite ich sehr gerne mit *Fixsternen.* In der Elektion steht um 11.23 Uhr direkt am Aszendenten der Königsstern *Spica* (ά Virginis), der günstigste Fixstern an unserem Himmel, der viel Glück verspricht. Eine offizielle Hochzeitszeremonie fällt unter das 10. Haus und in dieses Haus fällt die schon erwähnte Venus/Mars-Konjunktion. Zudem steht der MC-Herrscher Sonne ebenfalls im 10. Haus, und zwar in einer applikativen Konjunktion mit dem sehr günstigen Königsstern Regulus (Alpha Leonis) auf 0° Jungfrau. Auch der große klassische Wohltäter

Jupiter, Herrscher des Liebeshauses 5, steht auf *Regulus*. Merkur, Herrscher des 9. Hauses (u.a. Ausland), steht in Jungfrau in seinem Domizil, im schönen 11. Haus, das eine günstige Zukunft verspricht. (Für das deutsche Brautpaar liegt Bornholm im Ausland.)

Trotz der schon erwähnten Probleme fand ich diese Elektion dennoch insgesamt so positiv, dass ich sie mit meinem Klienten besprochen und schließlich auch empfohlen habe. Geholfen hat mir dabei auch die Tatsache, dass die beiden schon seit vielen Jahren in einer harmonischen Partnerschaft lebten. Aus diesem Grund habe ich auch darauf verzichtet, die beiden Geburtshoroskope der Heiratslustigen in meine Arbeit einzubeziehen, denn viel konnte meines Erachtens in diesem Fall nicht schiefgehen!

Wie ich schon erwähnt, findet man niemals Elektionen, die hundertprozentig günstig sind. Immer wird am Ende etwas übrig bleiben, das weniger zufriedenstellend ist. Die Frage lautet dann: Ist das hinnehmbar oder nicht? Wenn nicht, rate ich weiterzusuchen.

Aber auch in der obigen Elektion finden wir ein Sahnehäubchen: Das Ja-Wort wird in einer Venusstunde gesprochen!

Wie ist es ausgegangen? Tatsächlich gaben sich die beiden am 22. August 2015 um 11.23 MESZ auf Bornholm das Ja-Wort vor einer dänischen Standesbeamtin, die den Wunsch, genau in diesem Augenblick die wichtige Frage zu stellen, respektiert hat. Sie fand diesen Wunsch sehr schön und auch lustig und hat die Regie der Zeremonie so gestaltet, dass die beiden Ja-Wörter genau um 11.23 Uhr kamen! Es war an diesem Wochenende auf Bornholm das herrlichste Sommerwetter, das man sich wünschen konnte und zur Freude allerfand die Zeremonie dann auch nicht in einem Rathaus, sondern unter der Sonne am Ostseestrand statt!

Später schrieb mein Klient mir eine lange Mail über diese Geschichte, geschmückt mit vielen Bildern. Wie ich mich darüber gefreut habe!

Geschäftseröffnungen

Kommt Donald Duck aus der Mode?

1992 wurde in der Nähe von Paris das vielversprechende Eurodisney (später umgetauft in *Disneyland Paris*) geöffnet. Der anfängliche Erfolg klang schon wieder schnell ab und nach einigen Jahren schrieb der Park rote Zahlen. Man war gezwungen die Preise für Eintritt und Hotelzimmer zu senken.1992 kostete eine Aktie *Eurodisney* an der Börse noch 10 Euro, während sie im November 2003 nur noch 51 Eurocent wert war. Disneyland Paris kommt allmählich in die Jahre und sollte dringend renoviert werden, aber dazu fehlen die Mittel.

Dass es mit dem Freizeitpark schlecht gehen wird, zeigt uns schon deutlich das Horoskop der Eröffnung, wofür bestimmt keine Elektion gemacht wurde! Kein (klassischer) Astrologe hätte diese Zeit empfohlen!

Pikantes Detail: Der Park sollte ursprünglich eine Stunde später, um 9 Uhr, geöffnet werden, aber um 8 Uhr war der Andrang des Publikums schon so groß, dass kurzfristig entschieden wurde, die Tore eine Stunde früher zu öffnen. Wer das Horoskop für 9 Uhr macht, wird allerdings feststellen, dass dieses Horoskop nicht viel besser gewesen wäre als das jetzige Horoskop.

- Der Aszendent Stier ist an sich nicht schlecht, denn Stier ist das Geldzeichen und Disneyland Paris ist ein kommerzielles Unternehmen.
- Herrscher 1, der Park, ist Venus, die in ihrem Exil Widder im 12. Haus eingeschlossen ist. Schlechter geht es kaum.
- Herrscher 2, die Finanzen des Parks, ist Merkur, der in den Fischen sowohl in Exil als in Fall steht und sich zudem im 12. Haus befindet. Ziemlich katastrophal!
- Auch steht Merkur in enger Konjunktion mit dem bösen Fixstern *Scheat* (β Pegasi).

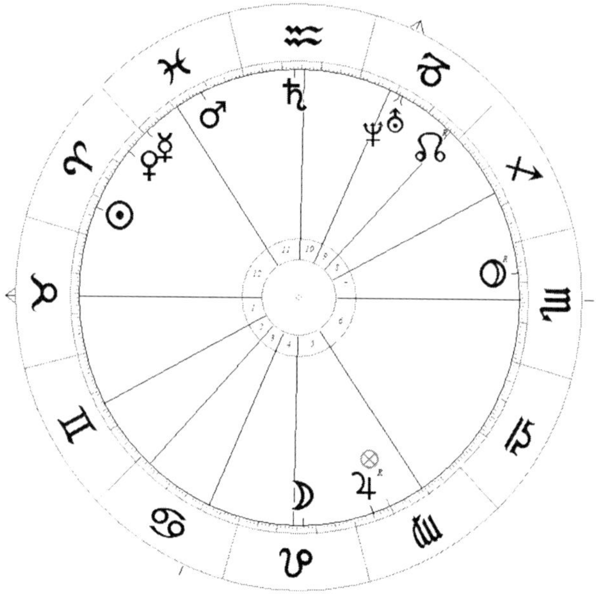

Abbildung 11:
Eröffnung Eurodisney für das Publikum, 12.04.1992, 08.00 MESZ in Marne-la-Vallée (48N55; 02E44),
Häuser: Placidus

- Der Mond steht in solchen Elektionen für das Publikum. Er steht in Löwe an der Spitze des 5. Hauses, das u.a. für Spaß steht. Das Publikum will sich amüsieren, aber es möchte dafür nicht zu viel Geld ausgeben, denn:
- Mond steht in einer applikativen Opposition zu Saturn!
- Am MC steht die berüchtigte Jahrhundert-Konjunktion Uranus-Neptun, die dem Ruf des Parks kein Gutes tun wird.

Man sieht: Für wichtige Unternehmungen lohnt es sich sehr, eine gute Elektion zu erstellen!

Eröffnung eines Esoterikladens

Eine Klientin möchte in Dresden einen Esoterikladen öffnen und bittet mich um einen günstigen Eröffnungstermin zwischen dem 1. und dem 12. September 2015, und zwar tagsüber zwischen 14 und 19 Uhr, damit sie zur Eröffnung Gäste einladen kann. Um 3 Uhr nachts wäre das schwierig. Ich untersuche zuerst das Geburtshoroskop der Gründerin und stelle fest, dass sie einen sehr guten und starken Mond hat. Dieser steht im Domizil Krebs im 1. Haus, gut aspektiert. Ich beschließe, diesen Mond im Eröffnungshoroskop zu berücksichtigen und wähle nach einiger Rechnerei folgenden Termin: Montag 7. September 2015 um 15:29 MESZ in Dresden.

Zweifellos hätte ich noch ein besseres Horoskop finden können, wenn die beiden Zeitfenster mir mehr Spielraum gegönnt hätten, aber auch diese Elektion darf sich sehen lassen.

Der Mond, der in der Elektion die potentiellen Kunden des Ladens vertritt, steht im Krebs im starken Eckhaus 7 gut und *in enger Konjunktion mit dem Geburtsmond der Gründerin!*

Sehr stark und verheißungsvoll ist auch die enge Konjunktion des MC (Öffentlichkeit und Ruf des Ladens) mit dem Königsstern *Spica* (α Virginis), dem günstigsten Fixstern am ganzen Nachthimmel, der großen Erfolg verspricht! Für diese Konjunktion ist die genaue Gründungszeit (15:29 MESZ) essenziell.

Leider steht der Aszendent-Herrscher Jupiter (Generalsignifikator für Esoterik) ein ganzes Jahr in seinem Exil, aber wenigstens steht er an der Spitze des schönen 9. Hauses (Esoterik) und im Sextil zum Mond!

Übrigens standen für das Zeitfenster 14 bis 19 Uhr nur die Zeichen Schütze (Herrscher Jupiter), Steinbock und Wassermann (antiker Herrscher Saturn) als Aszendentzeichen zur Verfügung. Meine Wahl fiel auf Schütze und Jupiter, denn Saturn ist auf 29° Skorpion sowieso sehr geschwächt. Zudem lieferte ein Schütze-Aszendent die genauere Konjunktion des Mondes mit dem Geburtsmond der Gründerin (10° Krebs).

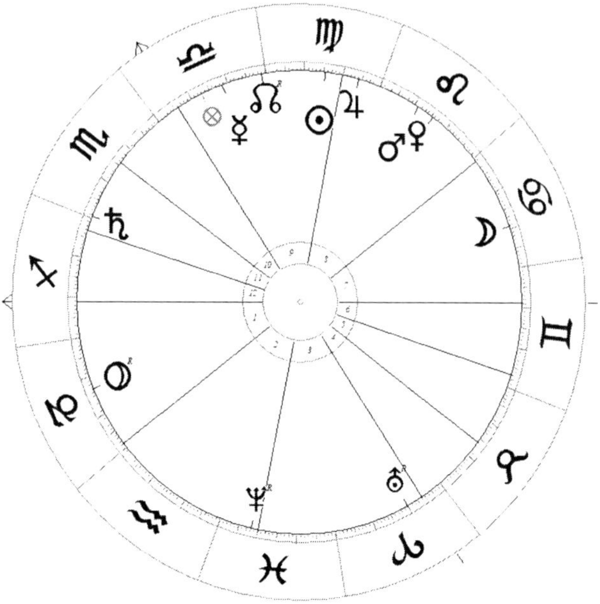

Abbildung 12:
Eröffnung eines Esoterikladens, Montag, 7. September 2015, um 15.29 MESZ in Dresden (51N03; 13E44), Häuser: Alcabitius

Für die Gründung wurden im Laden etwa 50 Gäste geladen. Nach einer Begrüßung durch die Gründerin wurde um exakt 15.29 Uhr den Toast ausgebracht und der Laden war eröffnet! Ich war dazu eingeladen und erklärte in einer kleinen Ansprache den neugierigen Gästen wie ich zu diesem (für Laien verrückten!) Zeitpunkt gekommen war.

Selbstverständlich ist ein so gewähltes Gründungshoroskop keine automatische Garantie für Erfolg, aber es kann den Erfolg effektiv unterstützen. Bis jetzt (in den drei Jahren nach der Gründung) läuft der Laden sehr gut!

Eröffnung einer psychotherapeutischen Praxis

Eine Frau bittet mich um eine Elektion für die offizielle Eröffnung ihrer psychotherapeutischen Praxis in München.

Zeitfenster 1: irgendwann im Monat September 2005
Zeitfenster 2: zwischen 13 und 17 Uhr MESZ

Sie hat die Räumlichkeiten schon gemietet und da sie noch viel in der Praxis vorbereiten muss, ist für die Eröffnung der ganze Monat September (Zeitfenster 1) okay. Zeitfenster 2 wird bestimmt durch den Wunsch, für die Eröffnung Gäste einzuladen.

Wie gehe in so einem Fall vor? Ich kopiere aus den Ephemeriden den Monat September 2005 und analysiere den Lauf von Sonne, Mond und den fünf klassischen Planeten Merkur bis Saturn. So grenze ich weite Teile dieses Monats so gut wie möglich aus, sodass meistens nur wenige Tage übrig bleiben.

LONGITUDE **SEPTEMBER 2005**

Day	Sid.Time	☉	0 hr ☽	Noon ☽	True ☊	☿	♀	♂	♃	♄	♅	♆	♇
1 Th	22 41 2	8♍39 35	8♌15 59	14♌11 25	14♈ 7.8	23♌22.5	17♎32.6	17♉ 6.7	18♎30.4	5♌49.8	8♓47.3	15♒35.4	21♐49.4
2 F	22 44 58	9 37 41	20 7 9	26 3 26	14R 1.2	25 4.8	18 43.0	17 28.8	18 41.8	5 56.7	8R 44.9	15R 33.9	21D 49.4
3 Sa	22 48 55	10 35 48	2♍ 0 30	7♍58 35	13 55.6	26 50.1	19 53.2	17 50.3	18 53.2	6 3.6	8 42.5	15 32.5	21 49.4
4 Su	22 52 51	11 33 56	13 57 54	19 58 38	13 51.1	28 38.1	21 3.4	18 11.2	19 4.7	6 10.4	8 40.1	15 31.0	21 49.4
5 M	22 56 48	12 32 7	26 1 1	2♎ 5 16	13 48.1	0♍28.2	22 13.6	18 31.6	19 16.2	6 17.2	8 37.7	15 29.6	21 49.5
6 Tu	23 0 44	13 30 19	8♎11 37	14 20 19	13D 46.7	2 20.0	23 23.6	18 51.4	19 27.9	6 24.0	8 35.3	15 28.2	21 49.6
7 W	23 4 41	14 28 32	20 31 37	26 45 51	13 46.8	4 13.2	24 33.6	19 10.6	19 39.5	6 30.8	8 32.9	15 26.8	21 49.7
8 Th	23 8 37	15 26 48	3♏ 3 17	9♏24 16	13 47.8	6 7.2	25 43.5	19 29.2	19 51.2	6 37.3	8 30.6	15 25.5	21 49.9
9 F	23 12 34	16 25 5	15 49 7	22 18 11	13 49.3	8 1.9	26 53.4	19 47.2	20 3.0	6 43.9	8 28.2	15 24.1	21 50.1
10 Sa	23 16 31	17 23 23	28 51 48	5♐30 15	13 50.7	9 56.9	28 3.2	20 4.5	20 14.9	6 50.4	8 25.8	15 22.8	21 50.3
11 Su	23 20 27	18 21 43	12♐13 49	19 2 44	13R 51.5	11 52.0	29 12.9	20 21.2	20 26.8	6 56.9	8 23.5	15 21.5	21 50.6
12 M	23 24 24	19 20 5	25 57 6	2♑57 0	13 51.3	13 46.9	0♏22.5	20 37.3	20 38.7	7 3.4	8 21.1	15 20.2	21 50.9
13 Tu	23 28 20	20 18 28	10♑ 2 20	17 12 55	13 50.2	15 41.5	1 32.0	20 52.7	20 50.7	7 9.7	8 18.8	15 18.9	21 51.2
14 W	23 32 17	21 16 53	24 28 24	1♒48 16	13 48.1	17 35.6	2 41.4	21 7.4	21 2.8	7 16.1	8 16.5	15 17.7	21 51.6
15 Th	23 36 13	22 15 19	9♒11 53	16 38 26	13 45.5	19 29.1	3 50.8	21 21.4	21 14.9	7 22.3	8 14.2	15 16.4	21 52.0
16 F	23 40 10	23 13 47	24 7 0	1♓36 35	13 42.9	21 21.9	5 0.0	21 34.8	21 27.0	7 28.6	8 11.9	15 15.2	21 52.4
17 Sa	23 44 6	24 12 16	9♓ 6 5	16 34 25	13 40.6	23 13.9	6 9.2	21 47.4	21 39.2	7 34.7	8 9.6	15 14.0	21 52.8
18 Su	23 48 3	25 10 47	24 0 32	1♈23 26	13 39.1	25 5.0	7 18.3	21 59.3	21 51.5	7 40.8	8 7.3	15 12.9	21 53.3
19 M	23 52 0	26 9 21	8♈42 11	15 56 3	13D 38.4	26 55.3	8 27.2	22 10.5	22 3.7	7 46.8	8 5.1	15 11.7	21 53.8
20 Tu	23 55 56	27 7 56	23 4 22	0♉ 6 43	13 38.5	28 44.6	9 36.1	22 20.9	22 16.1	7 52.8	8 2.9	15 10.6	21 54.4
21 W	23 59 53	28 6 33	7♉ 2 45	13 52 21	13 39.3	0♎32.9	10 44.9	22 30.6	22 28.4	7 58.7	8 0.7	15 9.5	21 55.0
22 Th	0 3 49	29 5 13	20 35 30	27 12 19	13 40.3	2 20.3	11 53.6	22 39.4	22 40.8	8 4.6	7 58.5	15 8.4	21 55.6
23 F	0 7 46	0♎ 3 54	3♊43 2	10♊ 8 1	13 41.4	4 6.8	13 2.2	22 47.5	22 53.3	8 10.3	7 56.3	15 7.4	21 56.2
24 Sa	0 11 42	1 2 38	16 27 38	22 42 24	13 42.2	5 52.2	14 10.6	22 54.8	23 5.8	8 16.1	7 54.1	15 6.4	21 56.9
25 Su	0 15 39	2 1 25	28 52 47	4♋59 22	13R 42.5	7 36.7	15 19.0	23 1.2	23 18.3	8 21.7	7 52.0	15 5.4	21 57.6
26 M	0 19 35	3 0 13	11♋ 2 42	17 3 20	13 42.3	9 20.2	16 27.3	23 6.8	23 30.9	8 27.3	7 49.9	15 4.4	21 58.4
27 Tu	0 23 32	3 59 4	23 1 51	28 58 48	13 41.7	11 2.8	17 35.4	23 11.6	23 43.5	8 32.8	7 47.8	15 3.5	21 59.1
28 W	0 27 29	4 57 57	4♌54 44	10♌50 8	13 40.8	12 44.5	18 43.5	23 15.5	23 56.1	8 38.2	7 45.8	15 2.6	21 59.9
29 Th	0 31 25	5 56 52	16 45 31	22 41 18	13 39.8	14 25.2	19 51.4	23 18.5	24 8.8	8 43.6	7 43.8	15 1.7	22 0.8
30 F	0 35 22	6 55 49	28 37 57	4♍35 49	13 38.8	16 5.1	20 59.2	23 20.7	24 21.5	8 48.9	7 41.7	15 0.8	22 1.6

Abbildung 13: Ephemeride September 2005

♈	Jupiter 5°	Venus 11°	Merkur 19°	Mars 24°	Saturn 29°
♉	Venus 7°	Merkur 13°	Jupiter 21°	Saturn 26°	Mars 29°
♊	Merkur 5°	Jupiter 11°	Venus 16°	Mars 23°	Saturn 29°
♋	Mars 6°	Venus 12°	Merkur 18°	Jupiter 25°	Saturn 29°
♌	Jupiter 5°	Venus 10°	Saturn 17°	Merkur 23°	Mars 29°
♍	Merkur 6°	Venus 16°	Jupiter 20°	Mars 27°	Saturn 29°
♎	Saturn 5°	Merkur 13°	Jupiter 20°	Venus 27°	Mars 29°
♏	Mars 6°	Venus 10°	Merkur 18°	Jupiter 23°	Saturn 29°
♐	Jupiter 11°	Venus 16°	Merkur 20°	Saturn 25°	Mars 29°
♑	Merkur 6°	Jupiter 13°	Venus 21°	Saturn 25°	Mars 29°
♒	Merkur 6°	Venus 12°	Jupiter 19°	Mars 24°	Saturn 29°
♓	Venus 11°	Jupiter 15°	Merkur 18°	Mars 27°	Saturn 29°

Tabelle der ägyptischen Grenzen

Planetenlauf vom 1. bis zum 30. September (von langsam bis schnell).

Wichtig: In diesem Monat ist kein einziger Planet rückläufig! Die für diese Elektion wichtigsten Planeten werden unterstrichen!

Saturn: 5° bis 8° Löwe. Saturn befindet sich den ganzen Monat in seinem *Exil*, aber als großer Übeltäter soll er in der Elektion eine eher bescheidene Rolle spielen.

Jupiter: 18° bis 24° Waage. Von 14° bis 20° befindet Jupiter sich in seinen *Grenzen*; ab 21° ist er *peregrin.* Jupiter ist der große Wohltäter und insbesondere der Heiler und deshalb für diese Elektion sehr wichtig!

Mars: 17° bis 23° Stier. Mars ist den ganzen Monat in seinem *Exil.* Er soll als der kleine Übeltäter eine eher bescheidene Rolle spielen.

Sonne: Vom 1. bis zum 22. September befindet die Sonne sich in Jungfrau; ab dem 23. September in Waage, wo sie in *Fall* steht.

Wichtig: Jetzt können wir in Prinzip schon die Periode 23. bis 30. September für die Elektion (wenigstens vorläufig) ausgrenzen! Die Sonne ist als eines der beiden Lichter in (fast) jeder Elektion wichtig!

Venus: Vom 1. bis zum 11. September steht Venus in ihrem

Domizil Waage; ab dem 12. Bis zum 30. September in ihrem *Exil* Skorpion. *Wichtig: Jetzt können wir eine noch größere Periode ausgrenzen und es bleiben für die Elektion nur die ersten 12 Tage übrig!* Als kleine Wohltäterin ist Venus in (fast) jeder Elektion gerne gesehen!

Merkur: Vom 1. bis zum 4. September befindet sich Merkur in Löwe, wo er *peregrin* ist. Vom 5. bis zum 20. September läuft Merkur durch sein *Domizil* Jungfrau und ab 21. September ist er bis zum Ende des Monats in Waage, wo er, wenigstens in Nachthoroskopen, in seiner *Triplizität* und zudem von 5° bis 13° in seinen *Grenzen* steht.

Mein erster Gedanke war, mich für den Merkur im Domizil Jungfrau zu entscheiden, aber… Jungfrau ist Jupiters Exil und der Fall von Venus! Das würde bedeuten, dass dieser Merkur sowohl Jupiter als Venus Schaden zufügen würde! Das ist nicht zumutbar, weil die beiden Wohltäter für die Elektion viel zu wichtig sind.

Wenn wir den Löwen-Merkur wählen, dann entsteht in der Elektion eine schöne und starke *gegenseitige Rezeption*: Merkur im Sonnenzeichen Löwe und Sonne im Merkurzeichen Jungfrau! Die beiden würden sich auf dieser Weite stark unterstützen.

Merkur ist selbstverständlich für fast jede Elektion wichtig, weil er die Kommunikation beherrscht. *Auf dieser Weise könnten wir das Zeitfenster noch weiter einschränken und so bleiben nur noch die ersten vier Septembertage übrig!*

Mond: Der schnelle Mond geht in diesem Monat durch den ganzen Tierkreis. Vom 1. bis zum 4. September befindet er sich in den Zeichen Löwe und Jungfrau. In Löwen ist er *peregrin*, in Jungfrau in seiner *Triplizität,* wenigstens in einem Nachthoroskop und das kommt, bedingt durch Zeitfenster 2 (am Tag), nicht infrage.

Verbrennung: Wenn ein Planet weniger als etwa 8° von der Sonne entfernt ist, wird er (klassisch gesehen) von der Sonne *verbrannt,* was ihn sehr schwächt, insbesondere wenn die Verbrennung *applikativ* ist (das heißt: wenn Sonne und Planet sich noch nähern).

Der *Mond* wird am 3. September und dem größten Teil des 4. Septembers von der Sonne verbrannt. *Damit können wir Zeitfenster 1 auf die ersten beiden Septembertage einschränken!!*

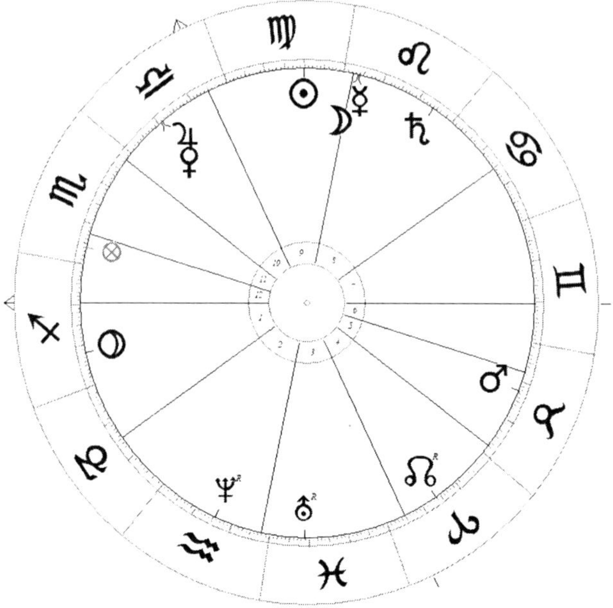

Abbildung 14:
Eröffnung psychotherapeutische Praxis, 2. September 2005, 14:45 MESZ, München, Häuser: Placidus

Ich habe meiner Klientin empfohlen, ihre Praxis in dieser Minute (14.45 MESZ) zu öffnen, indem sie beispielsweise mit ihren Gästen feierlich das Glas hebt.

Bevor ich mich an die Elektionsarbeit machte, schaute ich mir zuerst das Geburtshoroskop meiner Klientin an. Ich werde es hier nicht vorstellen, weil ich ihre Privatsphäre schützen will. Ich verrate nur, dass das Auffälligste in ihrem Radixhoroskop eine sehr schöne und enge Konjunktion zwischen Venus und Jupiter ist, sehr stark gestellt an einer Horoskopachse. Ich beschloss, diese Konjunktion im Auge zu behalten und wenn möglich in die Elektion einzubauen. Hier eine Auflistung er wichtigsten Punkte dieser Elektion:

- *Jupiter (H1) und Venus (H10)*: H1 Jupiter steht auf 18°48' Waage in seinen Grenzen in enger Konjunktion mit H10 Venus auf 19°20' in ihrem Domizil Waage im wichtigen 10. Haus, dem Haus des Rufes!
- *Verbindung zwischen Elektion und Radix:* Es ist wirklich ein Glücksfall, dass sich in diesem Monat die Venus/Jupiter-Konjunktion aus dem Geburtshoroskop wiederholt!
- *Spica*: Der Königsstern *Spica* (α Virginis), einer der vorteilhaften Fixsterne an unserem Himmel, steht auf 23° Waage im 10. Haus, in einer applikativen Konjunktion nur 4° von Venus und Jupiter entfernt. Ein Orbis von maximal 5° ist für diesen wichtigen Königsstern erlaubt. *Spica* verspricht großen Erfolg.
- *Sonne und Merkur*: Die beiden Herrscher des 9. Hauses, Sonne und Merkur, stehen in gegenseitiger Rezeption im 9. Haus der Horizonterweiterung und der Heilung.
- *Merkur, Mond und Regulus*: Merkur, der nicht nur H9, sondern auch H7 (die potenzielle Kundschaft) ist, steht in gradgenauer Konjunktion mit dem Mond (der ebenfalls die potenziellen Kunden vertritt) und in einer applikativen Konjunktion mit dem wunderbaren Königsstern *Regulus*.
- *Pluto*: Normalerweise werden die modernen Planeten in der klassischen Astrologie kaum benutzt, aber in diesem Fall steht Pluto im wichtigen 1. Haus. Ich habe diese Möglichkeit vorher mit meiner Klientin besprochen und ihr hat dieser prominente Pluto gefallen, weil er ihres Erachtens die für eine solche Praxis wichtige Tiefgründigkeit verspricht.
- *Mars*: Der Übeltäter Mars steht in Stier im Exil, aber an der Spitze des 6. Hauses, in dem er in seiner *Freude* steht. Zudem bildet er (als einzigen Aspekt) ein schönes Trigon zur Sonne.
- *Saturn*: Saturn steht in Exil, ist allerdings weggesteckt im 8. Haus, und bildet keinen einzigen Aspekt!
- *Absteigender Mondknoten in 10*: Leider! Aber das war in dieser Elektion nun einmal nicht zu vermeiden. Aber bestimmt schwächen Venus, Jupiter und Spica im 10. Haus den Einfluss des Drachenschwanzes.

Wer genau verfolgt hat, wie diese Elektion zustande gekommen ist, weiß, dass meine Methode zu keinem anderen Ergebnis führen konnte. Trotzdem glaube ich selbst, dass Kritik möglich ist: Wer die Elektion genau analysiert, stellt fest, dass sie nicht sehr dynamisch ist, weil es kaum applikative Aspekte gibt. Der einzig wichtige applikative Aspekt ist das schöne Trigon zwischen Sonne (H9) und Mars (H4 und H11/12). Sonst gibt es noch die applikative Konjunktion von Venus und Jupiter mit *Spica*. Aber schade ist, dass (von der Konjunktion mit *Regulus* abgesehen) insbesondere der Mond im Leerlauf ist.

Als ich dieses Problem entdeckte, habe ich noch verschiedene andere Möglichkeiten durchgerechnet und untersucht, aber immer kam ich wieder zu dieser Elektion (am 2.9.2005, 14.45 MESZ) zurück und beschloss, sie meiner Klientin zu empfehlen.

Etwa zwei Jahre später hatte ich wieder mit dieser Klientin Kontakt. Sie erzählte mir, dass ihre Praxis sehr gut läuft.

Eröffnung eines Computergeschäfts

Ein junger Mann, der sich seit einigen Jahren auf Computertechnik spezialisiert hat, möchte jetzt aus seinem Hobby seinen Beruf machen und, nachdem er die nötigen Vorbereitungen getroffen hat, eine Firma gründen, womit er sein Brot verdienen kann. Er stellt sich vor, allmählich einen Kundenstamm aufzubauen, dem er zur Seite steht, wenn PC-Probleme auftauchen. Er erzählt mir, dass er eine Mail vorbereiten will, in der er diese Gründung bekannt macht und die er dann allen seinen Freunden und Bekannten und allen anderen möglichen Interessierten schicken will. Alle nötigen Vorbereitungen hat er inzwischen getroffen und jetzt wünscht er sich einen geeigneten Zeitpunkt, an dem er die Mail wegschicken kann. Er bittet mich um meine Hilfe. Die Mail möchte er am liebsten irgendwann in der letzten Augustwoche 2013 verschicken, weil seine Bekannten dann meistens aus dem Urlaub zurück sind und das normale Leben wieder anfängt.

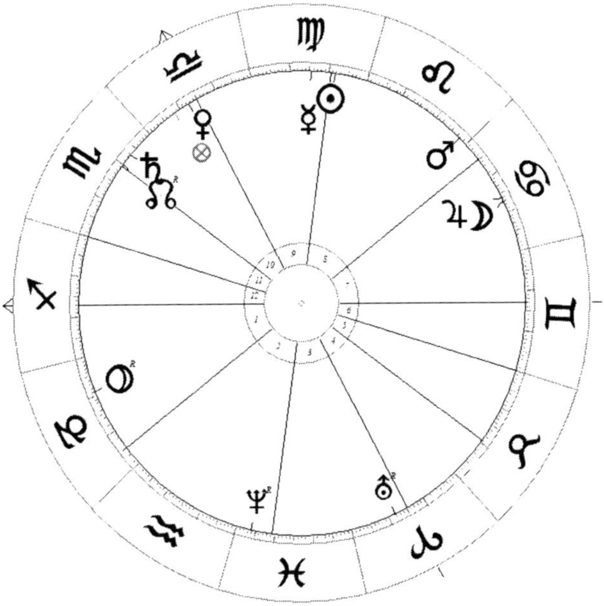

Abbildung 15:
Gründung Computergeschäft, Samstag, 31.8.2013, um 15.30 MESZ in München, Häuser: Placidus

Im Gegensatz zu Klienten, die für die Gründung oder Eröffnung Gäste einladen wollen, hat dieser junge Mann das nicht vor, was heißt, dass ich den Zeitpunkt gegebenenfalls auch in der Nacht wählen könnte. Aber bei meiner Suche stellt sich heraus, dass das nicht notwendig ist.

Hier das von mir vorgeschlagene Horoskop und eine Auflistung der wichtigsten Merkmale dieser Elektion:

- Schön an dieser Elektion ist, dass die vier wichtigsten Planeten alle Würde haben:
- Der Aszendentherrscher Jupiter (H1), der sowohl den Initiativnehmer als die Firma vertritt, steht in Krebs in seiner Erhöhung im wichtigen Eckhaus 7.

- Der Ruf der Firma (H10) ist der MC-Herrscher Venus in ihrem Domizil Waage, direkt am MC!
- Merkur ist sowohl der Herrscher des 7. Hauses (die Klienten) als auch der Verwandtschaftsplanet für Computer. Merkur steht gut: in seinem Domizil Jungfrau im 9.Haus (u.a. Horizonterweiterung). Zwar wird Merkur noch von der Sonne verbrannt, aber diese Verbrennung ist separativ und wird sehr bald vorbei sein.
- Der Mond, der oft ebenfalls die Klienten vertritt, steht in seinem Domizil Krebs im 7. Haus in einer engen applikativen Konjunktion mit Jupiter.
- Aber es gibt noch eine zweite Verbindung zwischen Mond und Jupiter: eine gegenseitige Rezeption! (Mond in Jupiters Erhöhung und Jupiter im Domizil des Mondes.)
- *Verbindung zum Geburtshoroskop:* Ich habe diesen Termin auch gewählt, weil der junge Mann in seinem Geburtshoroskop ebenfalls eine schöne Mond/Jupiter-Konjunktion im Krebs hatte!
- Nach seiner Konjunktion mit Jupiter bildet der Mond noch ein Sextil zu Merkur und ein Quadrat zu Venus. Weil Mond und Venus Freunde sind (beide feucht und kalt), ist das Quadrat nicht wirklich schlimm. Der Mond verbindet so die drei wichtigsten Planeten miteinander!
- Auch zwei wichtige Fixsterne schmücken diese Elektion:
- Mond und Jupiter sind in einer engen Konjunktion mit *Sirius,* dem Hundsstern (α Canis maioris), dem hellsten Stern an unserem Himmel. *Sirius* steht für: Ehre, Ruhm, Reichtum, Begeisterung, Treue, Hingabe usw. usw.
- Am Deszendenten steht *Rigel*, der linke Fuß des *Orions* (β Orionis), auch ein Glücksstern, der ebenfalls Glück und Ehre verspricht und auf erfinderische und technische Fähigkeiten hinweist!

Der junge Mann hat genau zu diesem Zeitpunkt die Mail verschickt. Ein Jahr später hatte ich mal wieder Kontakt mit ihm; er erzählte mir, dass er (wie von mir vorhergesagt) inzwischen zwar viele Klienten hatte, aber dass er trotzdem gehofft hätte, mehr zu verdienen. Die Zahlungsmoral seiner Klienten war nicht so gut; er musste sie regelmäßig mahnen. Als ich mir das Horoskop erneut ansah, stellte ich wieder fest, dass Saturn H2 (die Einkünfte) ist. Zwar steht Saturn an der Spitze des vielversprechenden 11. Hauses in Konjunktion mit dem aufsteigenden Mondknoten, aber Saturn bleibt nun einmal (der meistens geizige) Saturn. Vielleicht haben Pluto in 1 und Neptun (gerade noch) in 2 hier auch eine Rolle gespielt. Ich hatte das bei der Vorbereitung zwar gesehen, aber ich fand die anderen Faktoren so positiv, dass ich diese drei Planeten im Kauf genommen hatte. Vielleicht zu Unrecht?

Ich schlug meinem Klienten vor, seine Kunden zukünftig um Vorauskasse zu bitten. Er fand das zwar schwierig, weil er meistens vorher nicht einschätzen konnte wie viel Zeit seine Hilfe in Anspruch nehmen würde, aber er hielt es trotzdem für eine gute Idee, zuerst wenigstens eine Anzahlung zu verlangen.

Abfahrtshoroskope

Germanwings-Flug 9525

Der Germanwings-Flug 9525 war ein Linienflug der Fluggesellschaft von Barcelona nach Düsseldorf. Am 24. März 2015 zerschellte das Flugzeug vom Typ Airbus A320-211 im südfranzösischen Département Alpes-de-Haute-Provence. Alle 150 Insassen kamen dabei ums Leben.

An Bord waren sechs Besatzungsmitglieder und 144 Passagiere, darunter 14 Schülerinnen und zwei Schüler der 10. Klasse sowie zwei Lehrerinnen des Joseph-König-Gymnasiums in Haltern am See.

Da der Copilot entschieden hatte, Suizid zu begehen, führte er den Absturz der Maschine in einer bewussten und geplanten Handlung herbei, während er allein im Cockpit war.

In allen Astroheften wurde dieser katastrophale Flug astrologisch betrachtet, aber in keiner einzigen Deutung, die mir zu Augen kam, wurden die Fixsterne berücksichtigt, während diese die Katastrophe deutlicher erklären als alle anderen Deutungselemente. Schauen wir uns dieses Geburtshoroskop des Fluges 9525 näher an:

- Der Mond, der in solchen Horoskopen für die Passagiere steht, ist nicht nur im schlechten 12. Haus, sondern ist auch in Konjunktion mit *Algol* (β Persei, auf 26° Stier), dem bösesten Fixstern am ganzen Himmel! Wichtigste Bedeutung: gewaltsamer Tod!
- Der Deszendent (Haus 7, das erzählt, was während der Reise passiert) steht auf *Antares* (α Scorpii auf 10° Schütze). Bedeutung: »Das Ende aller Dinge!«
- Der Herrscher des 7. Hauses ist der rückläufige Jupiter in Konjunktion mit dem bösen Stern *Acubens* (α Cancri auf 13° Löwe), der für Böswilligkeit und Verbrechen steht.
- Der klassische Herrscher des MC, das Ziel des Fluges, ist der

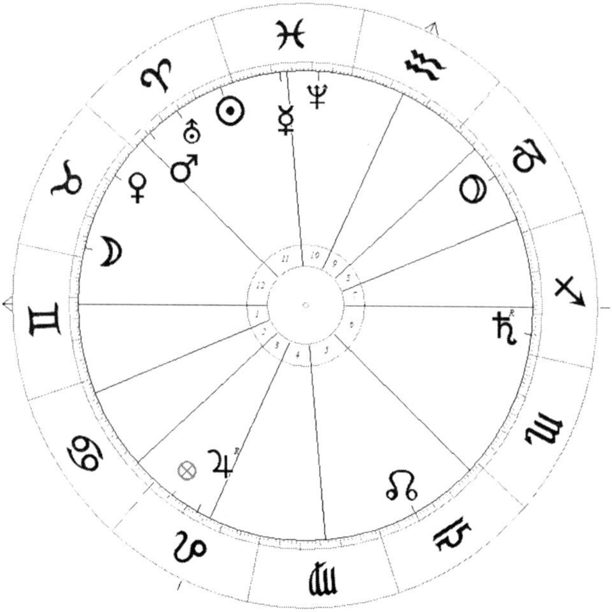

Abbildung 16:
Abflug German Wings Flug 9525, 24.3.2015, 10.01 MEZ, Barcelona (41N23; 2E11), Häuser: Placidus

rückläufige(!) Übeltäter Saturn, der auf *Graffias* (β Scorpii, 3° Schütze) steht. Bedeutung: Erbarmungslosigkeit, Kriminalität!

- Der andere klassische Übeltäter, Mars (Unfälle), steht an der Spitze des 12. Hauses (Verlust) auf *Baten Kaitos* (Zèta Ceti, auf 22° Widder), der seit Jahrtausenden auf Schiffbruch hinweist! (Damals gab es noch keine Flugzeuge.)

Fazit: Die Anwendung der Fixsterne ist in der heutigen Astrologie praktisch nicht mehr in Gebrauch. Klassische Astrologen dagegen deuten schon seit Jahrtausenden die Fixsterne. Mit Recht, denn ohne Einbeziehung der Fixsterne verpasst man essenzielle Deutungselemente.

Kolumbus‘ erste Reise nach Amerika (1492)

Kolumbus stach am 3. August 1492 mit seinem Flaggschiff Santa Maria sowie den beiden Karavellen Niña und Pinta von Huelva (Süd-Spanien) aus in See. Laut königlichem Dekret mussten an diesem Tag vor Sonnenaufgang alle Juden Spanien verlassen haben. Kolumbus hatte wichtige Juden an Bord genommen, sodass er gezwungen war, schon um 4.30 LMT den Hafen zu verlassen. Aber er ließ seine Schiffe zuerst nur bis zu einer vor der Küste liegenden Sandbank segeln, wo er ankerte und noch drei Stunden wartete, bevor er endgültig in See stach. Warum nahm er diesen kostbaren Zeitverlust in Kauf? Die beiden folgenden Horoskope erklären das:

Kolumbus verlässt also den Hafen, tritt aber seine eigentliche Reise noch nicht an, weil das Horoskop für diese Abfahrt ungünstig ist (siehe Abb. 17).

- Gut steht selbstverständlich Herrscher 1, die Sonne, in ihrem Domizil im starken 1. Haus (Kolumbus, die Schiffe und ihre Besatzung), aber …
- Saturn steht im 7. Haus, das besagt, was während der Reise passieren kann. Da verspricht der rückläufige Übeltäter nichts Gutes!
- Nicht weniger als drei Planeten stehen im sehr ungünstigen 12. Haus, darunter auch der Übeltäter Mars, Herrscher des 9. Hauses (die lange Reise ins unbekannte Ausland).

Unter diesen Umständen lohnte es sich, noch drei Stunden abzuwarten und dann erst die eigentliche Reise anzufangen.

Schauen wir nun das nächste Horoskop an, das viel besser aussieht (Abb. 18).

- Saturn ist aus dem gefährlichen Eckhaus 7 verschwunden und ins Mittelhaus 5 wegesteckt.
- H1 Merkur steht in Löwe im schönen 11. Haus, das eine gute Zukunft verspricht. Zudem bildet er ein applikatives Sextil zu H9 Venus.

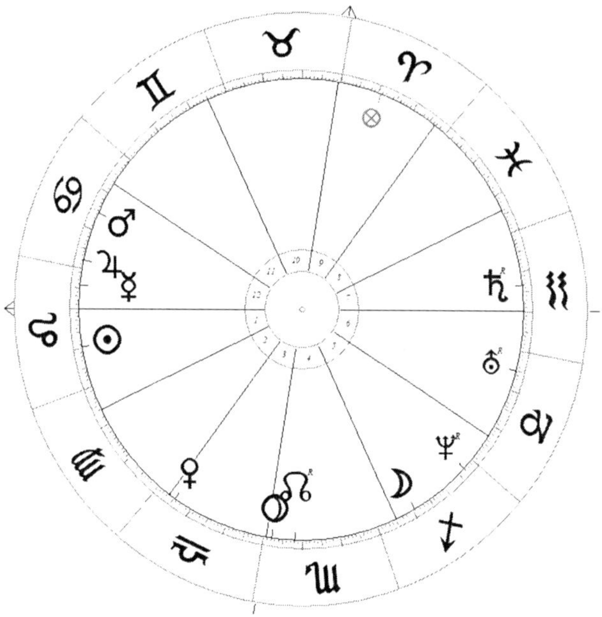

Abbildung 17:
Kolumbus' erzwungene Abfahrt, 3.8.1492, 4.30 LMT,
Huelva (37N16; 6E57), Häuser: Alcabitius

Venus, Herrscherin des 9. Hauses, das für ferne Reisen steht, befindet sich in ihrem Domizil im starken 1. Haus.

- Der Mond (die Mannschaft) steht im 3. Haus in seiner Freude und in gegenseitiger Rezeption zu Jupiter (H7).
- Der große Wohltäter Jupiter, Herrscher des 7. Hauses (das uns sagt, was während der Reise passieren kann), steht im 11. Haus sowohl in seiner Freude als in seiner Erhöhung in Krebs.

Fazit: Ein schönes Horoskop, das die erste Amerikareise von Kolumbus zweifellos begünstigt hat. Und man sollte sich wundern, wenn bei dieser Terminwahl kein Astrologe mitgewirkt hat.

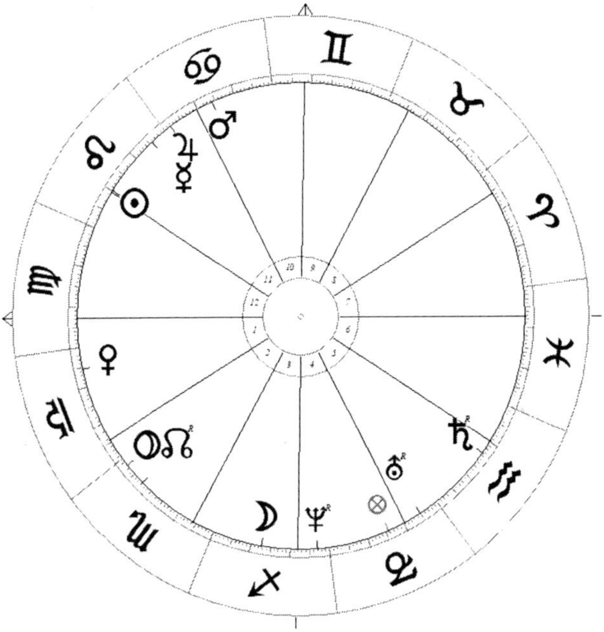

Abbildung: 18:
Kolumbus' gewählte Abfahrt, 3.8.1492, 8.00 LMT,
Huelva (37N16; 6E57), Häuser: Alcabitius

Schlusswort

»Maßen Sie sich nicht an, Gott zu spielen?«

Ein psychologischer Astrologe, der sich wenig mit klassischer Elektions- und Stundenastrologie befasst hatte, fragte mich einmal, ob ich beim Erstellen von Elektionshoroskopen nicht das Gefühl hätte, Gott spielen zu wollen? Meine klare Antwort: »Nein!« Hierzu ein einfaches Beispiel, um dies zu illustrieren:

Als ich vor vielen Jahren erst gerade mit der Astrologie angefangen hatte, bat mich eine niederländische Freundin, die heiraten wollte, um ein schönes Horoskop für die Trauzeremonie im Standesamt. Der Tag (16.6.1966) stand schon fest, weil der Bräutigam an diesem Tag Geburtstag hatte, aber für die Anfangszeit der Zeremonie gab es zur Auswahl noch drei verschiedene Möglichkeiten. Ich wusste damals noch kaum, was Elektionen waren, hatte nur davon gehört und irgendwo gelesen, dass es wichtig wäre, bei so einem Horoskop auf den Achsen günstige Planeten zu platzieren. Aus den noch drei freien Terminen im Gemeindehaus wählte ich den Termin von 9.50 Uhr bis 10.20 Uhr und erstellte das Horoskop für das Ja-Wort von Braut und Bräutigam auf 10.06 Uhr, weil ich vermutete, dass die beiden das Ja-Wort nach etwa einer Viertelstunde sprechen würden. Obwohl ich den Tag nicht wählen konnte, weil dieser schon festlag, finde ich diese Elektion trotz meiner mangelhaften Erfahrung nicht einmal so schlecht:

- Der Liebesplanet Venus steht im Domizil Stier direkt am MC!
- Der Mond, der in einer Ehe für das alltägliche Leben steht, befindet sich in seiner Erhöhung Stier, ebenfalls nah am MC und in Konjunktion zum aufsteigenden Mondknoten.
- Venus und Mond stehen in einer gegenseitigen Rezeption: Venus in der Erhöhung des Mondes und Mond im Domizil von Venus.

Abbildung 19: Verpasstes Ja-Wort, 16.6.1966 um 10.06 MEZ in Eindhoven (NL), Häuser: Placidus

- Der Aszendentherrscher Sonne steht in einem seiner Dekanate und an der Spitze des schönen 11. Hauses, dem Haus der positiven Zukunftserwartungen.
- Auch Jupiter, Herrscher des 5. Hauses der Liebe, steht im 11. Haus, wo er sich zudem in seiner *Freude* befindet.
- Einer der wichtigsten Fixsterne, *Regulus* (α Leonis), welcher Glück verspricht, steht direkt am Aszendenten. (Das entdeckte ich allerdings erst viel später!)
- Achtung: Die Konjunktion Uranus/Pluto steht nicht im wichtigen 1. Haus, sondern schon an der Spitze des 2. Hauses, wo sie viel weniger schädlich ist! (Planeten, die weniger als 5° von einer Häuserspitze entfernt sind, gehören laut den klassischen Regeln schon zum nächsten Haus).

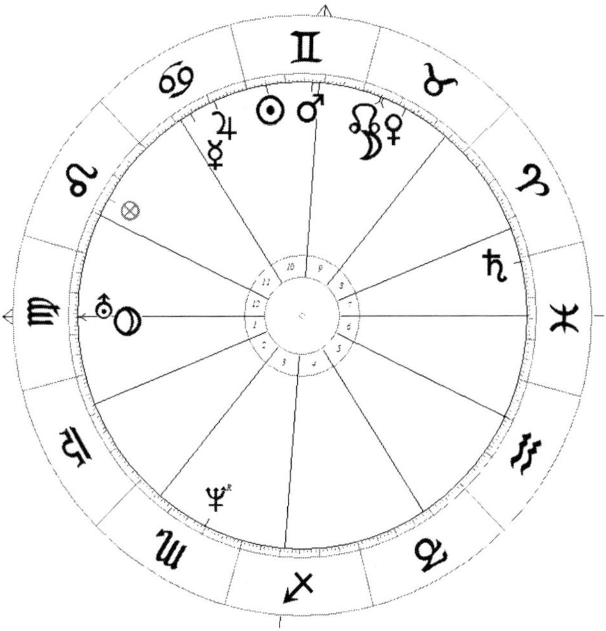

Abbildung 20: Tatsächliches Ja-Wort, 16.6.1966 um 11.40 MEZ in Eindhoven (NL), Häuser: Placidus

Doch was passierte? Als sich das zukünftige Ehepaar mit seinen Gästen im Gemeindehaus versammelt hatte und der Beamte kontrollierte, ob alle Trauzeugen anwesend waren, stellte sich heraus, dass einer fehlte. Dieser hatte seinen Zug verpasst und traf erst eine halbe Stunde später ein. Weil die niederländische Gesetzgebung beim Vollzug der Ehe allerdings die körperliche Anwesenheit aller Zeugen verlangt, musste die Zeremonie aus diesem Grund um etwa anderthalb Stunden verschoben werden, weil zuerst noch zwei andere Paare an der Reihe waren. Damit war mein sorgfältig berechnetes Horoskop auf schlagartig hinfällig geworden.

An diesem Tag wurde das Ja-Wort also nicht wie vorgesehen um 10.06 MEZ, sondern erst um 11.40 MEZ gegeben.

Betrachten wir nun das Horoskop des Augenblicks, als die Eheschließung tatsächlich stattfand, also zu jenem Zeitpunkt, den Gott (oder das Schicksal) quasi auswählte: Was für ein schreckliches Horoskop!

Die Achsen fallen jetzt in andere Zeichen, so dass es inzwischen andere Häuserherrscher gibt. Was vor allem auffällt:

- Am MC steht nicht mehr der verbindende Liebesplanet Venus, sondern der Trennungsplanet Mars. Eine Katastrophe!
- Zudem hat sich jetzt am Aszendenten (zu allem Unglück) die gradgenaue Konjunktion von Uranus und Pluto wichtig gemacht. Uranus verspricht (meistens unangenehme) Überraschungen, Pluto Heimlichkeiten, Betrug usw.

Nach fünf Jahre war die Ehe am Ende und das Paar war wieder geschieden.

Man sieht: Elektionsastrologen können nicht »Gott ins Handwerk pfuschen«, wie ein altes Sprichwort sagt. denn wenn das Schicksal es anders will, erstellt es seine eigene Elektion.

Literatur

Englischsprachig

Sahl Ibn Bishr, *The introduction to the science of the judgement of stars.* Translated the Twelfth Century Latin Version by James Herschel Holden (Tempe AZ).

John Frawley, *The real Astrology* (2001), Chapter 10, *Electional Astrology.* (In diesem Kapitel behandelt Frawley John Dee's Elektion der Krönung von Elisabeth I.) Tipp: Man kann dieses Kapitel aus dem Internet herunterladen unter: *Electional Astrology by John Frawley.*

Die folgenden Texte im Internet bieten nur Theorie und geben keine Beispiele:

William Ramesey, *An Introduction to Elections,* aus: *Astrologia Restaurata* (1653)

Vivian E. Robson, *Electional Astrology* (1937) Man kann dieses Buch downloaden unter: Vivian Robson Electional Astrology.

Deutschsprachig

Erik van Slooten, *Klassische Stundenastrologie* (Tübingen, 2. Auflage2017). In diesem Buch werden die wichtigen klassischen Bausteine behandelt, die auch in der Elektionsastrologie unentbehrlich sind, wie die Aspektbildung, die essentiellen und akzidentellen Würden usw.

Claudia von Schierstedt, *Astrologische Terminwahl* (Chiron, 2. Auflage, 2004)

Oscar Hofman, *Die Fixsterne im Horoskop,* (Tübingen, 2016).

Standardwerke der Astrologie

ERIK VAN SLOOTEN

Klassische Stunden-astrologie

Ein Lehrgang zum Selbsstudium
200 Seiten, Hardcover, zahlr. Abbildungen
ISBN 3-89997-167-5

Im ersten Teil des Buches wird das Grundgerüst der Stundenastrologie behandelt. Der zweite Teil lehrt die Technik und die Deutung, während sich der Autor im dritten Teil mit besonderen Themen wie der Zeit- und Ortsbestimmung oder medizinischer Stundenastrologie befasst. Das Besondere an diesem Buch ist vor allem, dass es ein richtiger Lehrgang zum Selbststudium ist. Am Ende eines jeden Kapitels werden zu den behandelten Themen Fragen gestellt, die es Ihnen ermöglichen, zu kontrollieren, ob der Lehrstoff gut verarbeitet und verstanden wurde. Die Antworten finden sich im Anhang des Buches.

»Der Autor gibt mit diesem Buch aber nicht nur eine Hilfestellung bei der stundenastrologischen Beantwortung konkreter Fragen, sondern reicht auch nützliche Tipps für die Einrichtung einer eigenen stundenastrologischen Beratungspraxis dazu. Das vorliegende Buch könnte also vielleicht auch eine Art Sprungbrett für ambitionierte Leserinnen und Leser werden«.

Astrologie Heute 133/2008

CHIRON VERLAG

Standardwerke der Astrologie

ERIK VAN SLOOTEN

Leitfaden der traditionellen Astrologie

Klassische Astrologie kurz und bündig
124 Seiten, Paperback, 37 Abbildungen
ISBN 978-3-89997-252-8

Was versteht man unter klassischer Astrologie? Welche Methoden werden verwendet? Wie deutet man nach den Regeln der Tradition? Was versteht der klassische Astrologe unter Prognose? Was steckt hinter der Stundenastrologie? Welche Rolle spielen Fixsterne? Auf diese Fragen und weitere geht der Autor ein präzise ein. So kann sich der Leser schnell ein genaues Bild von den besonderen Ansätzen und Denkweisen der traditionellen Astrologie machen.

» Wie schön, dass es diesen verdienstvollen Leitfaden gibt. Wer sich bisher aus ideologischen («wahrsagerische Astrologie») oder pragmatischen («klingt alles so kompliziert») Gründen nicht an die traditionell-klassischen Techniken herangetraut hat, findet in diesem Leitfaden der traditionellen Astrologie auf knappem Raum alles, was er braucht, um sich seine Vorurteile gründlich vermiesen zu lassen. (…) Und wer den klaren Überlegungen von Erik van Slooten folgt, stellt fest, dass die traditionelle Klassik weit weniger «kompliziert» ist – und alles andere als wahrsagerische Schwarzweißmalerei. So eine Darstellung war überfällig.«.

Astrologie Heute 191/2018

CHIRON VERLAG

Standardwerke der Astrologie

ERIK VAN SLOOTEN

Der klassische Tierkreis und seine Bewohner

Das kosmische Netzwerk von Sonne. Mond und den Planeten
99 Seiten, Hardcover, zahlreiche Abbildungen
ISBN 978-3-89997-187-3

Die Planeten wurden seit alters her als die Götter betrachtet, die das irdische Leben beherrschen und man stellte sich vor, dass jede Gottheit sich im lebendigen und fest strukturierten Organismus des Tierkreises einen oder zwei Orte zueignete, den/die er als sein Zuhause betrachtete. In diesen »Domizilen« können die Planeten ihre besten Eigenschaften entfalten. So hat beispielsweise die Sonne ihr Domizil im Tierkreiszeichen Löwe, der Mond im Krebs, Merkur in den Zwillingen und in der Jungfrau usw. Erik van Slooten beschreibt diese Wechselbeziehungen auf sehr anschauliche Weise und entwirft dadurch ein lebendiges Bild, das auch dem Anfänger die klassische Astrologie mit Leichtigkeit näherbringen wird.

»Ach ja, noch etwas: Das Buch ist so leicht und so gut geschrieben, dass es sich auch sehr gut zum Verschenken eignet! Wie bitte? Richtig gehört, zum Verschenken! Wenn die Fachastrologie einmal soweit ist, dass man ihre Bücher auch dem schenken kann, der »eigentlich bloß« Laie ist, dann ist eine neue Qualität erreicht: Astrologie wird öffentlich wahrnehmbar«.

DAV Rundbrief 1/2010

CHIRON VERLAG

Standardwerke der Astrologie

CLAUDIA VON SCHIERSTEDT

Astrologische Terminwahl

Durch Elektionen im Einklang mit der Zeitqualität
114 Seiten, Paperback, 34 Abbildungen
ISBN 978-3-925100-30-7

Die Autorin hat ein praktisches Lehrbuch für die astrologische Terminwahl verfasst. Die Techniken der Elektionsastrologie werden anhand von Anwendungsbeispielen besprochen. Behandelt werden, Heiratstermine, Bewerbungstermine, Operationstermine, Haus- oder Wohnungssuche und Geschäftseröffnungen.

Da es bei jedem der gezeigten Anwendungsgebiete auf ganz spezielle Schwerpunkte ankommt, werden die Themen mit teilweise unterschiedlichen astrologischen Techniken bearbeitet. Zu jeder Terminwahl wird ein ausführlicher Fall dargestellt.

»Claudia von Schierstedt schließt mit diesem Buch nicht nur eine wichtige Lücke im Bereich astrologischer Grundlagenliteratur, sie setzt zugleich Maßstäbe für einen zeitgemäßen Umgang mit dem uns überlieferten Wissen früherer Astrologengenerationen.«.

Meridian 6/1997